一本书读懂中国经济

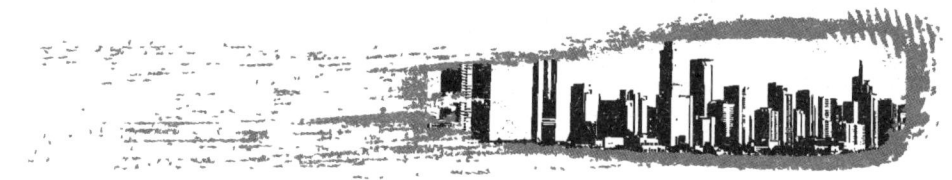

陈玉新 著

中国商业出版社

图书在版编目（CIP）数据

一本书读懂中国经济/陈玉新著. -- 北京：中国商业出版社，2018.3

ISBN 978-7-5208-0204-8

Ⅰ.①一… Ⅱ.①陈… Ⅲ.①中国经济—通俗读物 Ⅳ.①F12-49

中国版本图书馆 CIP 数据核字 (2018) 第 015849 号

责任编辑：姜丽君

中国商业出版社出版发行
010-63180647 www.c-cbook.com

（100053 北京广安门内报国寺 1 号）
新华书店经销
北京明月印务有限责任公司印刷
*
700×1000 毫米　16 开　14 印张　230 千字
2018 年 6 月第 1 版　2018 年 6 月第 1 次印刷
定价：39.80 元
****
（如有印装质量问题可更换）

目录 Contents

001　序：用经济视角解读中国经济

001　第一章　房地产与安居乐业

001　　一业兴百业枯的房地产
005　　中国房地产泡沫有多大
010　　房地产投资的本质是"博傻"
014　　房价上涨的背后推手
019　　房价怎样才会降

023　第二章　股市与基金

023　　给中国股市打打分
027　　中国股市并不存在的"慢牛"
031　　股市还要低迷多久
034　　小道消息，为什么是不可信的
037　　和基金一起成长？只能是梦想
041　　私募基金，陷阱和馅饼并存

046　第三章　金融与互联网

046　　"高利贷"不合法但合理

050	民间借贷为何演变成庞氏骗局
053	互联网金融的本质仍然是民间借贷
057	网络贷款，陷阱在向你招手
060	比特币的本质是什么

第四章　收入与消费

065	存钱为什么会赔钱
068	人民币升值不是好事
072	消费主义的是与非
075	你的收入为什么那样"低"
078	你算得上中产阶级吗
081	谁才是真正的富人
085	二八定律，贫富差距是必然

第五章　社会与保障

089	庞氏模型与经济骗局
093	商业保险为什么不"保险"
096	理财保险有多少陷阱
100	社会养老金撑不撑得住
104	未来的中国，信用将成为你的保障
107	基尼系数，给社会的稳定保障

第六章　城市与生活

111	廉租房为什么没有独立厕所
115	"剩女"是一道经济题
118	盐为什么从来不打折
121	强者恒强的依赖路径

第七章　创业与就业

125　　正在消退的人口红利
129　　贷款上学其实是好事儿
132　　创业，你不能不考虑的机会成本
136　　一边是求职难，一边是用工荒
140　　公务员、事业编真有那么好吗
143　　众筹是个坑，跳进去就倒霉

第八章　环境与资源

148　　"过去环境好"其实是种错觉
151　　环境问题，既要钱又要命
155　　罚款罚不出好环境
157　　发展清洁能源谈何容易
161　　正在被浪费掉的土地

第九章　国企与民企

165　　国企为什么很难搞好
169　　国企改革为什么那样难
173　　民企才是国之命脉
177　　国进民退还是国民共进
181　　中国为什么没有百年企业
185　　制造业是国民经济的命脉

第十章　政策与未来

191　　党的十九大后经济将走向何方
195　　"一带一路"背后的经济思考
199　　我们为什么要"借钱"给美国

203	货币互换，我们到底亏不亏
206	供给侧改革，改的是什么
209	放权，把指挥棒还给市场

序

用经济视角解读中国经济

经济,这是最近十年中国社会最为流行的一个词汇。无论是懂与不懂的人,都很想一窥经济这个词背后的门径,原因就在于这个词关系到我们每个中国人的切身生活。

长期以来,中国人都羞于谈钱、耻于谈钱,因此也就没有人关心什么叫经济。但现在不行了,经济已走进千家万户,贴近你我的生活。

你需要买房,可你不知道房价为什么这样高,但经济知道;你想要投资,但你不知道什么投资靠谱,经济知道;你赚钱少,并为之感到苦恼,却又一筹莫展,经济能够为你想出办法;你手握重金,但不知该如何是好,只能眼睁睁看着货币贬值,经济早就为你预判到了这些……

无论你是否关心经济,经济都在时时刻刻关心着你,你离不开经济,所以,你必须去学着了解经济。经济是一门教你如何让自己更有"钱途"的学科,掌握了各种经济学技巧,首先可以帮你解决困惑,其次可以帮你更深刻地了解充满金钱的世界。

当然，你可能是一位看淡物质的人，但你至少i想了解一下当下中国社会的种种现象吧？这些现象又无一例外地与经济相关联。所以有人说，想读懂中国，先读懂中国经济；想解读中国，先解读中国经济。

能够读懂中国经济的人，就像是在生活中多了一个贴身的精算师，能够从混乱的社会现象中一眼看穿隐藏在其背后的经济学本质，并最终做出最正确的选择来。

能够读懂中国经济的人，就像是在身边聘请了一个不要钱的理财顾问，能够从社会上的各种投资陷阱中寻找到真正的机会，将钱放到最有增值空间的地方。

能够读懂中国经济的人，就像是身边时刻跟随着一个无所不知的智者，能够从各种各样的社会问题中寻找出最有利于自己的方向，进而做出最正确的选择来。

可是，读懂中国经济又该从哪里入手呢？有人说，经济学书本太枯燥，自己根本就读不下去。有人说，经济学知识太深奥，自己根本就理解不了。就没有一本既通俗又易懂的经济学书籍吗？本书，就正好是这样一本你需要的书籍。

本书以一个社会观察者的视角，为读者总结出了最近十数年中国社会中出现的种种现象，并从专业的角度加以经济学的解读。本书绝不是为读者讲解枯燥的经济学知识，而是将经济学知识杂糅进具体的事件当中，在帮读者解答一个又一个疑惑的同时，将经济学知识渗透给读者。

你是否想了解房价是怎样一夜之间暴涨起来的？你是否想了解民间借贷是怎样变成高利贷的？你是否想知道中国股市到什么时候才有转机？你是否想弄明白为什么有些人的收入总是上不去？你是否也怀疑过社会保险是否能够靠得住？你是否也曾好奇廉租房为什么没有独立的卫生间？在本

用经济视角解读中国经济

书中,你将获得这些问题的答案。

伴随着本书读懂中国经济,当你完全能够看懂一些社会现象背后的经济学线索之后,你也就成了一个实用型经济学者。

第一章

房地产与安居乐业

一业兴百业枯的房地产

不知道读者们是否注意过这样一个现象：最近几年去外面吃饭，出现在饭桌旁的服务人员的年龄都变大了。从高档酒楼到街边小店，服务员以三十岁以上的中年人居多，有些饭店甚至出现了四五十岁的服务员。然而，如果我们将时间倒回去十年，那时候我们去饭店吃饭，服务我们的服务员还多是以俊男美女的年轻人为主。

看到这种现象，我们当然能够得出结论——餐饮业不好招人了！但为什么会这样呢？

其实不仅仅是餐饮业，注意观察你就能发现，最近十年，几乎所有的服务业都或多或少出现了人力资源短缺的现象。这一根源，说到底其实是房地产业迅猛发展所带来的副作用。

十年前，我们将房地产业塑造为国民经济的支出产业，下大力气扶持房地产业的发展。当时，经济领域人士的考虑得很简单：房地产体量大、辐射面广，发展房地产业能够带动整个社会经济的发展。

客观地说，这种考虑在当时是正确的，这十年的发展也确实证明了这一点。虽然这十年房价与日俱增，甚至高到了离谱的程度，但对比一下十年之前，我们中国人的收入水平、生活质量也确实有了很大的提升。可以说，在发展经济的层面上，房地产业功不可没。

然而，经过十年的高速发展，房地产业的副作用却开始越来越严重，甚至到了拖累经济发展的程度，而这又是怎么回事儿呢？

在解答这个问题之前，让我们先来回顾一下房地产业是怎么带动经济发展的。

某一个产业的发展，必然会带动与之相关的其他产业。比如，北京最近几年的火锅店越来越多，吃火锅得有肉，于是北京周边尤其是内蒙古的养殖业就发展起来了；吃火锅得有菜，于是河北、山东的种植业发展起来了；火锅需要大量的餐具，于是给餐具消毒的产业发展得很好。再往下，种植业、养殖业需要饲料、化肥这些，于是相关产业也发展起来了……

一个火锅，就能够带动起很多产业的发展，而房地产业作为巨大体量的经济门类，所能带动的产业又有多少呢？可以说数不胜数。

建筑业、建材业、机械制造、运输业、装修、家政、餐饮等等，可以这样说，在大城市超过50%的行业都与房地产业相关；在中小城市，超过80%的行业与房地产业相关。

如此巨大的影响力，就难怪有人说，只要房子一起来，包工头有钱

第一章
房地产与安居乐业

了，建筑工人有钱了，搞运输的有钱了，搞建材的有钱了，搞餐饮的有钱了，搞装修的有钱了，就连灰色产业都有钱了。

另一方面，房地产业则会加速货币的流通。

我们中国人喜欢把钱存起来，从中国的国情出发这无可厚非（原因我们后面再讲），但对于整个经济来说，钱的流通速度过慢是件很严重的事情。房地产业的发展，无疑能够加速货币的流通。

房地产业需要大量的钱，这些钱无论来自于哪里，银行也好、普通老百姓也好、房地产商也好，最终都会通过各个产业的衔接散出去，让钱在社会上流通起来。

有些人说，我存了一辈子的钱都拿出来买房了，而房地产商拿到他的钱是不会存起来的，无论是继续投资还是支付给承包商，抑或是直接用来消费，都能将钱流通起去，这对于经济发展是十分有利的。

房地产业就是通过这两种形式推动经济发展的，然而，也是这两方面原因导致房地产业最终反而成了经济的毒瘤。

首先，因为房地产体量太大，所以它占用的资金也最多，而一旦出现资金被固定住的情况，必然会导致整个经济层面的货币凝滞。

一线城市盖一个小区，动辄需要几十亿元资本，这些资本通过房地产业扩散到下游会促进经济发展，但如果就停在房地产本身，那么下游产业就会叫苦不迭。

相信读者已经看明白了，房地产要带动下游产业必须把房子卖出去才行，而一旦出现库存过大，销售不出去的情况，立即就会反噬下游企业。那么，房子卖不出去的现象多不多呢？可以说一开始是没有的，但近些年则特别常见，这也就是为什么近一段时期房地产业对国民经济的副作用越来越大的原因了。

不信读者可以观察一下，但凡是经济发展状况还算良好的城市，房子一定是不愁卖的，而但凡是房子销量不好的城市，经济也肯定好不到哪儿去。

其次，因为房地产业能够大量吸引资金，导致了资金向房地产业聚集。这句话听起来像是废话，但其实有很深刻的经济原理。

无论是什么行业，想要发展都需要资金，那么，社会是怎样决定资金去向的呢？答案是：社会管不着，资金会自己寻找目标，目标就是回报率最高的行业。

房地产业想发展就需要大量资金，而想要吸引资金就必须提供很好的回报率，而因为它的体量太大，回报率稍一抬升带来的就是大量资金的汇集。

具体的数字经济学家没有统计过，但稍微有点经济常识的人肯定能意识到，最近几年，社会上的资金几乎一大半都是先通过房地产然后再扩散到其他领域的。

有人说："不对呀，我的钱都存在了银行里，没买房也没投资过房地产呀！"那么我要问了，银行是把你的钱放在那里不动吗？当然不是，银行也需要通过投资来赚钱，那么它把钱投到哪里去了？毫无疑问是房地产业。

房地产业把钱"吸"走了，那么其他行业呢？就只能是干着急没有办法。

最近几年，我国政府不断提出要解决实业尤其是制造业的资金缺口问题，就是因为意识到了这个问题的严重性。

可以说雷声很大，但雨点几乎没有，就是因为资金的流向不是政府所能决定的，房地产业实在是太赚钱了，而其他实业根本就赚不到钱，资金就只会向房地产业聚集。

说句很悲哀的话,即便国家向某个行业定向投资多少资本,最后也会七拐八拐流进房地产业。于是,我们看到最近几年出现了十分吊诡的现象,即一家几千人的工厂一年的净利润居然不如炒一套房赚得多。在这样的形势下,即便怎么热爱实业的人也会干不下去的。

整个社会的钱都被房地产业拿走了,其他行业没有钱赚,当然吸引不了劳动者。于是,就出现了一开始我们说的那种现象。

干什么都不如盖房赚钱,那么有钱人当然去做房地产了,中产阶级没有钱做地产商,至少还能买房、炒房,没钱买房炒房的人至少还可以去卖房……

房地产吸引了最多的资金、最适龄的劳动者,于是,就出现了一业兴而百业枯的状况。这种状况需要到什么时候才能结束呢?可能只有到房地产泡沫完全破灭的那一天了。

中国房地产泡沫有多大

中国房地产业到底有没有泡沫呢?当然有。说房地产业没有泡沫的人,不是不懂经济,就是拿了地产商的钱,要么就是手里有房产投资,害怕泡沫破裂房子砸在手里。中国房地产泡沫又有多大呢?这个问题就没有人能够回答了。

2014年的时候,世界最大的空头基金公司尼克斯联合基金总裁、华尔街的"空头大师"詹姆斯·查诺斯曾经说过一句话:"中国的房地产泡沫比迪拜要严重1000倍以上。"

对于查诺斯这句话,不同的人会有不同的判断。当时有些人认为查诺斯是言有其是的,有些人则认为查诺斯是在危言耸听。

现在让我们回头看看,查诺斯的话被现实验证了吗?其实还没有。虽然在2015年和2016年两年房地产业经历了短暂的阵痛,但到2017年房价又开始走高,房地产业又是一幅欣欣向荣的景象,看来泡沫之说是不值得相信的。

那么,真理是什么呢?对于普通百姓来说,房地产的泡沫是否存在,唯一的验证就是泡沫破灭,只要泡沫没破灭,就可以说它能够维持。但是,经济学家不是这么看问题的,即便泡沫没有破灭,只要运用简单的经济学原理,一样能够验证其是否存在。

笔者在这里举一个最简单的例子。

北京的朋友应该都知道北五环外有一个著名的小区,名字我在这里就不提了,仅简称为××小区,读者朋友只需要记住这个小区是亚洲最大的小区就可以了。

这个××小区分为东、西、北、中等等分区;每个分苑又有数量不等的再分区,比如××东一区、××西二区;每一个再分区又有多则几十栋、少则十几栋住宅;每个住宅又有数个单元;每个单元又有十几套到二十几套不等的房子。

说到这里肯定有读者已经迷糊了,那么你只需要记得,这个小区里有很多房子。这个有很多房子的小区占地有多大呢?规划面积是超过600万平方米。这个面积是什么概念呢?我们做个类比,读者打开自己的手机地图,从你现在的定位开始,向西或向东标出去2公里,然后向北或向南标出去3公里,以这两条线为边画一个长方形,这个小区的占地面积就这么大。

那么,这个小区的房价总和是多少呢?我们不算价值更高的商业建筑,仅仅算住宅,现在这个小区的房价平均值接近4万元每平方米,我们按

第一章
房地产与安居乐业

3.5万元来算，住宅总面积我们按照建筑面积的一半来算，总市值是1050亿元人民币。

这1050亿元人民币是什么概念呢？2017年世界经济总量排名第十的加拿大的GDP是114000亿元人民币，也就是114个这样的中国小区市值的总和。

需要指出的是，我们这里所指的都是虚数，笔者并没有对这个小区进行过确凿的实际统计，但估算的价值只会少而不会多。

这样一对比，相信即便是不懂经济的人也会发现这里面有问题了。如果114个这样的小区就能顶得上加拿大一年的GDP之和，那么把中国房地产的总值算上恐怕就是个天文数字了。难怪有人说，如果我们将北京的房子都卖了，换回来的钱能把全世界都买走。如果真的是这样的话，这得是一个多大的泡沫呀！

当然，经济不是这么简单的算术题，这样对比对于中国房地产业来讲可能是有些偏颇，那么，我们用另一组数据来做个对比。

2018年年初的数据显示，中国一线城市房地产均价是52834元/平方米，二线城市房地产均价是14364元/平方米，三四线及以下城市房地产均价为6982元/平方米。而我国的人均收入呢？2018年年初的数据显示，我国人均可支配收入为25974元。

也就是说，即便是在三四线城市，一个人一年的收入也仅能用来购买4平方米房屋，即便不进行其他消费，一栋80平方米的住宅也需要20年。

而以北京为例，2017年全市人均可支配收入是57230元，刚刚超过一线房地产每平方米的均价。当然，在北京也不乏我们上面提到的房价低于均价的房产，但即便如此，相对于居民可支配收入来讲，房价依然高得离谱。

房地产之所以成为市场，是需要有买卖存在的，如果买卖因为巨大的收入和售价落差而被挤压，那么市场就会发生动荡。然而，我们看到的是，虽然收入与房产售价之间的落差极大，但房地产市场仍然表现得欣欣向荣、房价依然坚挺，那么合理的解释只有一个，现在这种繁荣是一种假象、一个泡沫，而这个泡沫是人为吹起来的。

在这里，笔者还要提出一个观点——虽然北京、上海这些城市的房价和收入对比是最悬殊的，笔者也是以北京为例来论证观点的，但这里的房地产泡沫实际上是最小的，不是不存在，而是相对较小。

原因就在于，我们不能仅以平均收入来衡量一线城市，因为一线城市汇集了全国各地的有钱人，这些人的收入水平难以进行统计。也就是说，作为一个人口不断涌入的城市，北京的房子并不全是卖给北京居民的，上海的房子也并不全是卖给上海人的，大部分是被外来的富人买走了。

这些人带着大量的资产涌入一线城市，在某种程度上是能够填充泡沫的，而泡沫真正严重的其实是大量二三线城市。

二三线城市虽然房价与居民收入比并没有一线城市悬殊，但从总体上来说人口是呈净流出的，而流出的人口都是购买力较强的人，这其实就等于是抽空了购买力。本来就存在的泡沫，因为购买力进一步被抽空，反而会让泡沫更大。

那么，到这里我们终于可以讨论一下中国房地产业的泡沫有多大这个问题了。用数字来解答这个问题是不可能的，但笔者在这里可以提出一个观点。

看房地产泡沫要以城市来划分，然后根据城市的不同来分析这样几个数据。首先是人口净流入，其次是房地产库存量，第三是地方性债务。

如果一个城市的人口是呈净流出的，那么总的来说它的房价应该是不

第一章
房地产与安居乐业

会上涨的,净流出人口越多,房价应该是下降幅度越大,如果一个城市的人口不断流出,房价却不见下降,甚至反而上升,那么这里就必然会存在严重的泡沫。

需要指出的是,这一点不仅要看未来是否发生,也要回溯以前,至少五年内的数据都可以用来作为参考。

其次,如果一个城市的房地产市场总体库存是不变的,且很难消化,那么房价也是应该下降的,当一个城市的房地产库存不消化甚至增加,人口又是呈净流出,房价却依然不降,那么,这就意味着存在严重的泡沫。

最后,最近几年我国地方政府相继出现债务问题,地方性债务的起源是资金问题,那么资金流向哪里了呢?这个问题不言自明。

所以说,如果一个城市的地方债务十分严重,人口又是呈净流出,房地产库存却依然很高,那么毫无疑问,这里存在着极大的房地产泡沫。

所以,读者想要判断一个城市的房地产泡沫有多严重,只需要去查一下这三个数据自己进行对比就会一目了然。

我们这里讨论的是房地产泡沫的问题,但问题的本质其实是一个简单的经济学常识:价格是由价值决定的,并围绕价值上下波动,价格在短时间内会受供求关系影响,供不应求的时候价格会上升,供过于求的时候价格会下降。

所以,当一件商品的价格远远高于其价值,供求关系又没有很离谱的时候,毫无疑问,是人为吹起的泡沫在作怪。

这就像是卖白菜,十个人买你一棵白菜,你愿意卖多少钱都行;而市场上又来了九棵白菜,你这一棵就只能卖一个合理的价格;市场上只有一个人买白菜,却有十个卖白菜的,而且白菜还在增加,并且你还欠着一屁股债需要卖白菜来还,而这个时候你却依然把白菜标出天价,那么你自己

说泡沫存不存在呢？

其实，房地产和白菜一样，所不同的是，卖白菜的道理所有人都懂，但到了房地产上面很多人却犯了糊涂。其实，有些人也不是真糊涂，而且他们觉得，这个世界上有的是比他们更糊涂的人，而这种人在经济学上也有个称谓，那就是"博傻者"。

房地产投资的本质是"博傻"

最近几年，社交媒体上总是会冒出一些这样的新闻：业主因为楼盘降价而找开发商讨说法，甚至打砸售楼处。

看到这样的新闻，相信很多人都会觉得匪夷所思。房子降价了，买亏了，就找开放商讨说法，那么房子升值了、买赚了，开放商能把房子收回来吗？真不知道打砸售楼处的业主们的脑子里都在想些什么。

业主糊涂，有些地方政府也跟着起哄，某地就曾经爆出开发商想要降价，结果遭到地方政府严令禁止，甚至祭出行政手段进行价格控制的消息。这就不能不让人疑惑了，房价上涨下跌是市场行为，为什么有些人的反应这么敏感呢？其实说到底就是两个字——利益。

地方政府不知道房地产有泡沫吗？当然不是，政府没有那么傻。打砸售楼处的业主们不知道他买的房子价格虚高吗？当然不是，他们也不傻。

然而，用行政手段稳定房价、用明显虚高的价格购买房产，这却是很傻的行为。不傻的政府和个人，为什么会做这种看似很傻的行为呢？因为他们觉得，市场上会出现比他们更傻的人来接盘。

比如，打砸售楼处的业主们当初在买房的时候就知道房子不值这个钱，但他们预计，只要房价一直涨，就会有人继续进场，那么他们就可以

第一章
房地产与安居乐业

通过把房子卖给新入场的人来获利。正是出于这种心态，他们才只能接受房价上涨而不能接受房价下跌，一旦房价下跌，没有人来接盘了，他们就会承受不住，也可能是买房的时候被开发商承诺过什么，总之在接受不了的情况下最终采取了极端行为。

其实，这种不管商品真实价值都进行购买的"傻瓜"行为，在经济学上有一个形象的名词叫作博傻理论。而就我们当前的房地产市场来看，所谓投资于房地产的人几乎都是博傻者。

博傻理论最早是由英国著名经济学家凯恩斯提出的。凯恩斯曾经做过一个比喻：在证券市场中，你并不知道某个股票的真实价值，但你却愿意花高价来购买，因为什么呢？因为你预料到有人会花更高的价钱把它从你手中买走。

不知道价值却愿意投资，看起来你似乎是一个傻瓜，但只要有一个人比你还傻，那么你就是聪明人。到这里相信读者们已经意识到了，博傻的实质其实已经偏离了正常投资而演变成为一场投机行为。

凯恩斯的"博傻理论"所揭示的就是投机行为背后的动机。投机行为的关键是判断"有没有比自己更大的傻瓜"，只要自己不是最大的傻瓜，那么自己就是赢家。假如没有下一个愿意出更高价格的更大傻瓜来做"下家"，那么你自己就成了最大的傻瓜。从有投资市场开始，这种博傻理论就屡试不爽。

在凯恩斯那个时代，博傻理论多应用于股票、债券等多个领域，造成了诸如"南海泡沫"等等很多经济困局，但它却很少作用于楼市。而到了我国，股票、证券在大众领域的参与度不是很高，但房子却人人都关心，于是，房地产投资就涉及到了博傻理论范畴。

博傻理论最显著的特点就是忽视投资品的价值，这一特点在中国房地产市场上表现得尤为明显。

我们以西部某能源型城市为例，该市的地理位置并不优越，全市的户籍人口不到200万，城镇人口约占70%，是典型的三线城市。这样一个三线城市，研究者保守估计该城市至少空余了数十万套住房。但就是这样，该市的房价依然居高不下，让很多普通人咋舌，其价格较之于价值毋庸置疑是高得离谱的。

然而，乐观的投资者却依然认为该市的房地产市场会引来更多的投资者，过万的价格并不是顶峰，因此大家仍旧乐意继续投资，这其实就是"博傻"在起作用。因为有这些投资者的存在，也就有了支撑博傻理论的基础。

支撑博傻的基础是投资者对未来判断的不一致和判断的不同步。对于投资市场上出现的信息，总有人过于乐观估计，也总有人趋向于悲观；有人过早采取行动，而也有人行动迟缓，这些判断的差异导致整体行为出现差异，并激发了市场自身的激励系统，最终导致了最大笨蛋现象的出现。

经济学者在分析博傻的时候，将投资者分为了两种，一类是感性的，一类是理性的。其中感性的投资者在投资时往往不知道自己已经进入到一场"比谁更傻的游戏"中，也不清楚游戏的规则和结局，只是想当然地认为自己在进行常规性投资。

而理性的投资者则不然，他们很清醒地明白这场游戏及相关规则，只是相信当前状况下还有比自己更傻的投资者即将介入，因此才投入资金来赌一把。在赚取到了预期利润之后，迅速脱身离开。

在中国的房地产市场当中，理性与感性的投资者无疑也都是分别存在的，而当这场"比谁更傻的游戏"结束之后，大多数获胜者无疑是早脱身的理性投资者，而那些感性投资者，大多数无疑会成为这场游戏的输家。

第一章
房地产与安居乐业

那么，在中国的房地产市场中，谁是感性投资者，谁会成为那个"最大的傻瓜"呢？这其实是读者朋友们最关心的问题。

以介入房地产业的身份而言，中国房地产市场上的投资者有这么四种，即金融机构、房地产商、炒房者和普通购房者。

我们讨论谁会成为"最大的傻瓜"并不能以某个单独的投资者是理性还是感性来分辨，而只能以这四种不同身份的投资者来判断。

在我国，以银行为主的金融机构为房地产业提供资金，并在房地产这场盛宴中拥有了最先分蛋糕的权力。

然而需要指出的是，房地产商从金融机构获得资金的抵押物多为地产和房产，因为房地产泡沫，这二者的价格被严重地抬高，以至于如果一旦出现房地产泡沫破裂的现象，金融机构收回的往往是价值远远低于其贷款的抵押物。

而且随着房地产泡沫的破裂，投资者对于房地产会产生强烈的恐慌情绪，到时抵押物即便是以一个非常低的价格出让也未必会在短时间内变现，因此金融机构毋庸置疑的会成为这场"比谁更傻的游戏"中的输家。

其实，房地产商作为房地产业的主体，是这场房地产泡沫的始作俑者。

他们掌握着房地产市场几乎全部的信息，拥有绝对的主动性，因此在房地产泡沫发生时，除了少部分未能做好准备或误判经济形势的房地产商外，他们当中的大多数都是能够成功脱身的。

但需要指出的是，很多房地产商已经把盘子做得很大，他们最大的风险是形势来得太快，导致资金链瞬间断裂，而这个时候最好的方法其实是壮士断腕、认输退场。但我国的房地产商很少有这么明智的，很多人总是抱着房价还会抬头、努力借钱也要撑一撑的想法，结果当真的危机来临时

他们往往会被拖得越陷越深。

第三是炒房者。在炒房者中，理性的投资者实际上早已意识到房地产泡沫的严重性，他们当中的大多数实际上已经从房地产投资市场上脱身而出，清理了手中过多的房产，他们已经实现了自己的目标，在更大的傻瓜接受时让出了自己的投资，从而在这场"比谁更傻的游戏中"获得了胜利。

而同时，大多数感性的投资者却仍旧在做着房价还会再涨的梦，他们不断向房地产市场注入资金，继续增持房产，这类人很可能会成为最终那个"最大的笨蛋"。

第四是普通购房者。在这场房地产泡沫中，普通购房者是最无奈的，因为他们对房地产市场的介入是生活的需要而非投机。无论房地产市场如何，他们都需要买房居住，因此不存在将房子卖掉脱离房地产市场一说。

而也正是由于这个原因，普通购房者中的相当一部分是在房地产泡沫还未形成或者比较小的时期介入的，因而他们不会受房地产泡沫破裂的影响。

但还有一大部分购房者是在房地产泡沫已经形成之后进入到房地产领域当中的。因为泡沫的存在，他们被迫以比原价值高得多的价格购入房地产。随着房地产泡沫的破裂，房价回归到正常的水平，他们因为错误的介入时间而最终成为房地产泡沫的牺牲品，其虽称不上是这场游戏中最大的笨蛋，但至少也是这场游戏的失败者。

分析到这里，相信读者们已经看到了房地产市场的本质，然而还有很重要的一点没搞清楚——房价到底是谁炒上去的呢？

房价上涨的背后推手

最近几年，中国社会中口碑最差的非房地产商和炒房者莫属了。

第一章
房地产与安居乐业

有人说，房地产商实在是太坏了，整天想着卖高价，房子价格卖得那么贵，钱都被他们骗去了。

有人说，炒房者心太黑了，整天想着低买高卖，房价被他们炒得那么高，钱都被他们坑走了。

这两句话相信不少读者也说过，其从发泄的角度来讲没问题，但如果是懂经济的人，这样的话是说不出口的，因为这样的话是有问题。

房地产商整天想着卖高价，这是对的；炒房者想着低买高卖，这也是对的，但说房价这么高是因为他们，这确实有点太过"抬举"他们了——不是他们不想，而是他们根本就没有这么大能量。

或者说得更直白一些，最近十年房价一路走高，让人望房兴叹，其原因根本就不在于几个贪心的房地产商和黑心的炒房者，房价上涨背后的推手其实另有其人，那么这个推手是谁呢？我在这里先不作回答，让我们先来给炒房者和房地产商说两句公道话。

先说说炒房者。温州炒房团曾经一度在国内声名狼藉，无论是媒体还是民间，无一例外都把脏水往以他们身上泼，但说句良心话，他们真的很冤枉。

且不说很多地方所谓的"温州炒房团"其实是有些人为了买房打出来的噱头，即便是温州炒房团运作的楼盘也不过就那么几个城市、几十个小区而已。温州人再有钱，也不可能把一个城市的房价全炒高。再退一步说，即便他们有能力调动各种资源炒高某个城市的房价，那么他们能炒高的也不过就是北上广深这几个大城市！

可是最近十年，房价的上涨却是全国性的，无论是一线城市还是四县城镇概莫能外，这个锅温州人可就背不动了。不但温州人背不动，全国的炒房者也背不动。所以说，房价上涨的主要原因不在于炒房者，他们充其量就是在房价上涨的过程中捞点好处而已,在房价下跌的时候,不一样有炒房者因为来不及退场而被套牢的吗?

那么,房地产商呢?是他们抬高了房价吗?这个问题要稍微复杂一些。首先说,房价是不是由地产商定的?

按照常理来说,房地产既然是一个市场,卖方当然享有定价权(需要指出的是,这里的定价权指的是商品价格而不是成交价格),为了促进商品的销售,卖方的定价就得紧跟市场的导向。在供不应求的时候,定价就高一些;供过于求的时候,定价就会低一些。

然而我们看到的是,明明库存很大,地产商却不降价,而好不容易想降价了,却又被干涉。所以,我国的地产商在有些时候并不享有定价权,至少不享有绝对的定价权。

另一方面,让我们来看一个数据。某地产行业大佬曾在公开场合指出,我国房地产业成本最高的是土地和税收,占比超过50%。就这一个数据相信读者已经明白问题出在哪里了,开发商建房是需要土地的,如果土地成本过高,那么地产商就是想降价也是不可能的。

举个例子:

1袋面粉可以蒸100个馒头。

如果1袋面粉卖100块钱,1个馒头卖2块钱,馒头师傅刨除人工、水电费还有得赚。

如果1袋面粉卖1000块钱,馒头师傅即便人工、水电费都白搭,自己也不赚钱,1个馒头的价格也不会低于10块钱,否则他就会赔钱。

面粉在馒头成本里的占比巨大,如果面粉不降价,馒头也是不可能降价的,毕竟馒头师傅做的是生意而不是慈善事业,不可能贴本去蒸馒头。

那么,根源就出来了,土地价格是上涨还是下降的呢?对于这个问

第一章
房地产与安居乐业

题，读者只需要查一查你所在城市最近几年的财政收入就可一目了然。那么，谁才是房价上升的背后推手，相信读者已经明了了。

其实，地方政府也有些冤枉，因为他们并不一定真的想要推高房价，有些地方政府甚至可能想尽了一切办法降房价，但只要土地的价格在上涨，房价就很难下降。

不过，问题我们还没有讨论完。土地价格为什么很难下降呢？这个问题还要在各地的政府财政报告中寻找答案。

在看财政报告的时候，除了土地出让金的数额外，请读者再关注一下土地出让金占财政收入的比重。这个比重在全国的平均水平大概在50%左右，具体到各个地方都不相同，越是经济发展落后的地区所占的比重越高。

从传统上来讲，我国地方政府的财政收入主要有这样几大块：第一是地方性税务，也就是地税；第二是地方性企业缴纳，也就是企业收入；第三是地方收取的各种费用；第四是中央政府划拨。

这就导致了一个很严重的问题，经济发展不好的地方，因为没有活跃的市场，税、费和企业收入都少得可怜，财政主要依靠中央划拨。中央划拨一是数量有限，二是指向性明确，而地方为了灵活运用财务就不能不另想办法，于是卖地就成了其最好的选择。

需要指出的是，地方政府卖地并不都是坏事，甚至一开始应该算是非常好的事。

一来，卖地的收入解决了地方财政问题，让地方上有充足的资金发展经济和民生；其次，通过发展房地产业可以带动地方的经济，改善基础设施建设，吸引外部资本；最后，城市化是我国最近十年的发展主题，卖地发展房地产经济也是这个主题的应有之义。

所以，地方政府卖地的行为其实是很好的经济举措，也正因为如此，我们看到在早期当土地出让金占地方财务比重没有那么高的时候，多地的经济确实呈现出了欣欣向荣的局面，这证明在当时这个举措是有百利而无一害的。

然而，问题很快就来了。

通过卖地来充实地方财政发展地方经济，这个公式中的目标是发展地方经济，卖地是为了达到这个目标所采用的手段。但经济的发展是一个缓慢的过程，尤其表现在增加地方财政收入上，更是需要长时间的积累，而卖地的收入可是立竿见影的。

结果最后就演变成了用卖地来充实地方财政，至于经济发不发展，那是以后的事情。于是，才出现了土地出让金在地方政府财政收入占比越来越重的局面，直到超过50%，已经近乎于不可收拾。

对于这种现象，中央政府曾三令五申要求解决，但无奈地方政府财政太依赖于土地出让金了，如果一下子停掉，无异于斩断了地方的财源，会导致严重的经济问题和社会问题。在这种情况下，虽然明知道是饮鸩止渴，但也只能是继续推行土地政策。

那么，问题就很明朗了，既然土地出让金关系着地方的财政命门，那么土地到底是高价卖更好还是低价卖更好呢？这个问题小学生都可以回答。于是，面粉的价格居高不下，馒头的价格也就只能持续走高。

那么，我们将责任全推到地方政府身上可以吗？这其实也是有失公允的，毕竟地方财政没有被谁装进腰包，而是实实在在地改善了我们每个人的生活。

读者回想一下，相比于十年前，你所在城市的市政是不是变好了，马路是不是变宽了，是不是修了高铁站、飞机场，是不是建了图书馆、公

第一章
房地产与安居乐业

园、广场，你家里人的退休金、社保是不是增加了，这些可都是地方政府用真金白银换来的。

所以说，在房价上涨的过程中，读者可以很容易找到一个实质性的原因，但如果要寻找一个房价的推手，那么笔者只能说，我们每个人都在房价上涨的过程中起到了推动的作用，无一例外。

房价怎么样才会降

对于房地产领域，我们虽然可以谈很多，但老百姓最关心的仍然莫过于一个问题，即房价到底怎样才会降。

对于降房价，我国中央政府可谓是绞尽脑汁，毕竟房价关系着国计民生，和每个中国人都息息相关，百姓辛辛苦苦工作一辈子却攒不够一套房钱，绝对是政府不愿意看到的。但是，政府降房价的举措却屡屡落空，甚至出现了越管越升的吊诡现象，不由得让人暗暗叹息。

对于降房价这个问题，笔者在这里可以直接告诉读者答案，想要降房价最直接也是最简单的方法就是一条——增加土地供应量。

市场上只有一家面粉厂，面粉厂只生产十袋面粉，并有限量地卖给馒头师傅，那么馒头价格自然降不下来。而如果多几家面粉厂，一家面粉厂生产一百袋面粉，面粉多了，馒头自然就降价了。

馒头是这样，房子也是这样，土地就是面粉，土地被限制供应，地价就不可能不高，地价高了，房价就不会低。道理就是这么简单，就是经济领域的基本原理——供求关系。

那么，这么简单的道理，连笔者都能看明白，难道我们的政府看不明白吗？当然不是，政府站在国家的层面上，说高屋建瓴并非虚言。但是对于土地供应，中央政府并不能完全做主，或者说并不能放手去解决。

首先，我国的土地所有制比较复杂，房地产需要的多是农村耕地，而农村土地是归集体所有的，无论是征收、分配都十分繁琐，中央政府很难直接管理。我们看到，中央最近几年也确实出台了一些土地政策，很多政策瞄准的就是土地供应，然而，无奈具体操作起来却十分复杂，对于需要大量土地供应才能解决的高房价问题帮助不大。

其次，土地价格关系到地方政府的财政收入，地方政府虽然也有心以土地供应来调节房价，但在保证财政收入的前提下，地方政府是不敢向市场大量供应土地的。因为地价降了，虽然房价会降，但首先降的一定是财政收入。

最后，我国是传统农业大国，国家对农业资源是有严格限定的，农村耕地、林地受国家法律的保护，可开发的土地面积有限，而土地供应必须要在保证农业安全的前提下进行，所以导致土地供应也是很难开闸放水。

有这三点原因在，政府想要解决房价高的问题会力不从心，只能从一些技术层面对房价做出限定调节，这虽然有时也能够起到一定作用，但毕竟不能解决根本问题。

政府能不能通过增加土地供应来降房价？怎样增加土地供应？这是留给执政者的问题，笔者在这里也很难讨论。下面，我们只讨论一下除了增加土地供应之外政府还采取了哪些降房价的措施。

首先，限购。"限购"是以限制购房者购房数量为手段，打击投机炒房等扰乱房地产行为，从而达到减少房地产市场过量需求降低房价的目的。

我国房地产市场上的投机氛围一直都比较严重，投机者把从各个渠道汇集起来的资金投入到房地产购买市场，大量资金的涌入一方面抬高了房

| 第一章 |
房地产与安居乐业

价，一方面又造成了大量空置房，从而酿成了房地产市场混乱的恶果。而要想解决这一问题，就必须将投机者赶出市场，把空闲着的"热钱"堵在房地产市场之外按照这个思路，对商品房施行限购便是最好的选择了。

然而，限购对于降房价所起的作用却收效寥寥。原因很简单，限购只是短暂限制市场上的购买行为，但从长远来看，这种购买行为不是被打消而是压制，等限购令开始松动或者干脆取消时，被压制的购买行为会瞬间爆发，从而让房价开始"报复性上涨"。过去几年，我国的楼市已经验证了这一点。

而且，"限购"短期内虽然可以在某种程度上抑制房地产市场上的投机行为，但从根本上看，"限购令"却是行政对市场经济的直接干预行为。

根据市场经济理论，行政对于市场经济的运行是不应过多干预的，如果要进行干预，也应当采取税收、金融等财务杠杆来完成，行政指令直接干预市场是应该极力避免的。所以，我们政府有采取了第二个方法，那就是缩进银根。

我们都知道，大多数房地产开发商进行房地产项目都需要向银行贷款，而缩紧银根、增加贷款难度，无疑就使得一些房地产开发商面临严重的资金链压力。在资金缺口的压力下，地产商被迫以降价的形式来盘活资金，这也是理所当然的事情。

然而，这么做也有问题。首先，房价下降有限，虽然地产商为了缓解资金压力不得不低价卖房，但毕竟他还是要赚钱的，房价不会降太多。其次，开发商资金链断裂容易导致很多楼盘烂尾，最终形成严重的社会问题，而这个问题还是要解决。结果就变成了锁紧银根淘汰一部分小开发商，却也让大开发商借机做大。

而且，从短期来看缩紧银根对降房价能够起到立竿见影的效果，但经济发展毕竟还是需要钱的，这种策略不可能长时间持续下去，否则就会严重影响到国民经济。

除了限购、缩紧银根外，现在政府又推出了第三个办法——房产税。所谓房产税就是按照房屋的价值纳税，从而增加房屋的持有成本，政府试图以这种方法来解决房屋空置率的问题，增加市场上的房屋数量，以此来降低房价。

然而，房产税从开始论证起就争议不断，因为在具体的操作层面会有怎样的效果没有人能够预知，所以，对于房产税这个举措最终的评价，我们还需要耐心观望再做结论。

总体来说，政府确确实实想要控制房价，但房价背后关系到地方财政收入、国民经济稳定，政府在施政的时候难免会投鼠忌器。所以，到底我们的房价会走向何方、我们的房地产泡沫最终会被怎样解决，还需要更多有识之士在政府层面有所作为。

第二章

股市与基金

给中国股市打打分

中国股民大概是中国人当中抗压能力最强的一批人,纵然股市虐我千百遍,我依然待股市如初恋。股市到底有什么魔力,让人这样难以抗拒呢?其实说到底就两个字——发财。

股市能发财,这是毋庸置疑的。在正常的股市里,发财的故事每天都有,普通人即便不能发财,至少也能获得点投资的收益。然而,在中国的股市里,我们看到的却是另一种故事——坐庄。

如果说什么是中国股市最常见的,那可能莫过于机构坐庄和散户被套牢了。一个正常的股市应当是井然有序的,然而,当股市频繁出现机构坐庄的时候，我们就不能不说，这个股市似乎是"有点"不正常了。

十年前，著名媒体《新京报》曾对我国经济学泰斗吴敬琏先生做过一次采访。在采访时，记者和吴敬琏先生有过这样的对话。

新京报：《华尔街》（纪录片）中讲述了美国市场发展史，如果和美国股市相比，你觉得当前的中国股市处于哪个历史阶段？

吴敬琏：十九世纪末期吧，美国人管那个时代叫作强盗贵族时代。比如，那时候美国开发西部，如果谁承修了一条铁路，铁路两边的地就给他了，然后找银行、政府给钱，铁路其实不是用他自己的钱修的，还占了大片土地……

新京报：为什么认为我们的股市处于那个时期？

吴敬琏：股市要正常化，政府监管、证券公司以及媒体，都需要解决信息不对称的问题。但是他们都可能发生扭曲。政府监管尤其要解决信息不对称问题，但是如果有些官员想的不是这个，他们想的是寻租，就会利用各种行政许可、审批来寻租。

正是因为这段采访，十年前有人将我国股市称为"强盗贵族"市场，经历过那段股市的读者应该能够理解吴先生所言非虚。那个时候股市虽然不能用一塌糊涂这样的词来形容，但也确实很混乱。

那么，经过了十年的发展，现在的股市到底怎么样了呢？笔者认为，我们可以根据股市这几年的形势试着给股市打一打分。

一般来说，想要给什么打分必须要先有个标准，那么我们就以正常股市的一些构成元素来对中国股市做一个衡量吧。

首先是信息的披露程度。

信息是投资市场的生命线，在一个健康的投资市场，必要的信息一定是对任何人都透明的，不能有人因为信息的不对称而获取暴利，更不能人为肆意影响信息的披露。

无论是美国股市、日本股市、欧洲股市抑或是香港股市,大到股市的重大信息,小到上市公司年报、财务报表,无一不是及时、准确地披露,让股民在第一时间获得必要的信息。

然而,反观我们的股市,重要信息披露往往会拖延,人为制造假的信息引导投资更是屡见不鲜。2017年,某上市公司曾经披露一则重大利好消息引发股价暴涨,然而仅仅3个月之后,这则消息又被收回,理由是"消息有误"。

类似这样的事情不断刺激着股民的神经,而证监会虽然对此有所处罚,但却没有措施从根源上加以断绝,使得股民一而再、再而三地为假消息伤害。在这一点上,不客气地说,我们的股市是不及格的。

其次,持股人成分。

一个正常的股市,持股人成分应该是分散而且复杂的。从这个角度看,我国股市似乎发展得很好。研究机构统计,我国股市持股人超过80%为散户,而这一数据在美国仅为11%,但事实并不像数据表现得那么简单。

美国虽然散户占比很少,但散户之外几乎全是机构持股,说到底也是私人持股。但我们则不同,我们在80%多的散户之外也是机构做补充,但在这两点之外还有一个重要的持股人,那就是国家,这是因为我国股市上很多著名的公司都是国企。

这样情况就非常复杂了,对于大量国企来说,国家不但持股而且控股,投资人投资于国企,不但要看经营情况、经济形势,还要看国家的政策,而国家本身就是政策的制定者、执行者。裁判员亲自下场和投资人踢球了,虽然未必一定是其对手,但即便是做队友也不可避免会出现"球霸"等情况。而一旦有这种事情发生时,投资者可就有口难言了。

而且，国家不但对国企控股，也经常通过企业间的投资对私企产生影响。在这种情况下，即便国家的行为是良性的，也难免会对投资者产生误伤，更不用说一些行为不检的管理者进行权力寻租的事情时有发生，就更给股市笼罩上一层难以排遣的氤氲。从持股人成分这个标准对我国股市打分也是很难及格。

第三，上市公司管理者素质。

公司的管理者自然需要一定的能力，然而这种能力可以做好事也可以做坏事，如果管理者职业素质不过关，那么就很难说他会给公司带来好处还是坏处了。

需要指出的是，我们这里所说的素质并非指道德素质，而是指职业素质。职业素质包括职业技能、职业操守等等，在这一点上，我们的上市公司做得如何呢？

国家改革开放不过四十年，大多数上市公司都是在这段时间成长起来的，所以管理层还处于第一代创业者或第二代接班人的阶段。这就不可避免地会出现一个问题：管理者和所有者不分。

一般而言，企业管理者应当是一类单独的人群，也就是通常所说的职业管理人。然而，我们大量的上市公司却并非这样，虽然公司已经上市，但内核依然是兄弟企业、家族企业，管理层一人集权、一言堂的现象仍十分严重。这又导致独立董事形同虚设，内部审计只走过场的现象时有发生。

这种情况对于公司的发展当然有一定的好处，但当公司利益与股东利益、大股东利益与小股东利益发生冲突时，就不可避免地出现让投资者不想看到的情况了。

所以，从管理者素质角度来说，我国大多数上市公司也很难得到一个令人满意的分数。

第四，对于违法行为的处罚。

对于股市当中的违法行为，我国立法部门有严格的惩处办法，证监会的监督权力也不可谓不大，最近几年，我们也看到了很多上市公司、投资机构的违法行为得到了惩处。可以这样说，每一次违法行为的处罚都大快人心。

然而，相对于这些被处罚的典型案例，股市上更多的是小问题得不到有效的监管，证监会执法部门存在着执法不严的疏漏。而至于证监会内部，也时常爆出工作人员被调查的新闻，这无疑很让股民们感到寒心。

综上所述，客观评价我国股市，我们很难给它一个令人满意的分数，我国股市想要真的成为投资者的乐土，恐怕还有很长的路需要走。

中国股市并不存在的"慢牛"

在开始讨论之前，笔者先讲也一个小典故，帮读者理解一下"牛市"和"熊市"的概念：

罗纳斯特是华尔街北面剧场的一个马戏团老板，在这个繁华的地段上他赚到了很多钱。其他经营马戏团的老板看到了这个情况，纷纷搬到剧场中，一下子剧场的租金便被抬高了好几倍。

为了能够获得更多的利润，罗纳斯特花费一大笔租金租下了原来的场地。但随着华尔街债券交易的兴起，人们对于马戏表演逐渐失去了兴趣。而这时罗纳斯特为了吸引观众的兴趣，特意推出了"熊牛大战"的戏码，本以为势均力敌的对抗，身披红纱的熊却因为太过温顺而轻易就被牛给顶死了。

后来，为了能够赚钱，罗纳斯特也加入了投资者的行列，但最后却血本无归，于是人们纷纷笑说："熊市真惨啊。"

丹尼尔·德鲁是纽约县城的一个小商贩，为了能够将自己瘦弱的牛卖出去，他想到了一个办法。在进城卖牛之前，他将牛群吃草的区域撒了几袋盐，并且不给牛群一点水喝，到了第二天，在进城之前他开始喂牛喝水。因为食用了过多的盐分，所以牛群喝掉了相当多的水，每一头牛都像一个水桶一样，为此他赚到了一笔钱。

而后他利用这些钱进军华尔街，并在股票交易之中"掺水"，同样获得了不少的收益，"牛市"一说便由此而出。

"牛市"和"熊市"这两个概念无疑是每一个股票投资者最先接触到的概念。在百度百科之中，对于二者的解释很简单，牛市是预料股市行情看涨、前景乐观的专业术语，而熊市则是预料股市行情看跌、前景悲观的术语。这两个概念是人们预料股票市场行情可能会出现的两种不同的发展趋势。

一般来说，投资于股市的人都愿意遇到"牛市"而尽量躲避"熊市"。而最成功的投资者则是被称为在"熊市"的末尾入市，然后在"牛市"的顶点清仓的"股神"。

"股神"当然只是传说，一般人不会有这种妄想，大家只是想借"牛市"的顺风车赚一笔钱就可以了。从这个角度讲，对投资者都有利的就莫过于"慢牛"了。

所谓的"慢牛"，指的是行情缓慢上涨，虽然短时间的涨幅不大，但趋势却能持续很久，这让很多投资者即便一开始没有反应过来，也能够在持续的趋势中醒悟过来，进而进入投资市场，分得一杯羹。

世界上的各主要股市，在经济形势一片大好的情况下都会进入"慢

第二章
股市与基金

牛"通道。这是因为，上市公司普遍发展状况良好，投资者对于投资市场的前景持乐观态度，市场上的投资比较活跃，进一步促进了公司的健康发展。

由此可见，"慢牛"确实是股市最健康的发展状况，而可惜的是，在中国股市中"慢牛"似乎并从不存在。

熟悉中国股市的读者朋友应该了解，中国股市向来被一个字形容得次数最多，这个字就是"疯"。疯长，这是中国股市在牛市中被用得最多的一个词。所谓疯长就是不受控制，完全超乎人们的预期。

1990年末，中国股市刚刚挂牌不到两年，由几只股票带领着，股市开始了疯长，在之后的一年半时间里，股指从95点涨到了1420点——18个月的时间里，股指翻了接近15倍。然而仅仅几个月之后，股指又跌回了380点。

这是中国股市第一次大"疯牛"，如果说这一次还是因为股市刚刚起步，投资者抱有新鲜感而尝试的话，那么最令人印象深刻的莫过于2005年股市"疯牛"了。

2005年年中，因为各种利好消息披露，股市开始进入到上升通道，当时的股指是不到1000点。之后的一段时间，股市连连疯涨，连垃圾股也能叫出惊人的价格来，当时股市号称"闭着眼睛都能赚钱"。两年之后，股指上涨到了惊人的6000点，上涨了6倍还多，真的有很多人在这场"疯牛"中赚够了一辈子的钱。

然而，随之而来的便是股灾。股市暴跌，投资者被套牢，一年之后，股指重新跌回到1500点，跌幅达到75%，无数人一夜之间便倾家荡产。

我国股市为什么会如此疯狂？一方面因为股市根基不牢，另一方面则是由于投资者过于贪婪。

投资者都是贪婪的，这是由人的本性决定的，贪婪便是错误，但不足以致命。然而，贪婪再加上愚蠢就要命了，不幸的是，我们很多投资者就是这样的结合。

自股市诞生的那一天起，我国股市就被笼罩上了隆重的投机色彩，是投机而不是投资。投资和投机是不同的，投资瞄准的是价值，而投机瞄准的则是价格。投资者会用价值判断投资的可靠性，进而做出自己的决定——虽然有时候决定是错误的；而投机者则不然，他们追涨杀跌，寻找一切可以投机的机会，无论风险有多大，无论投资品值与不值，他们考虑的都是在价格上涨的过程中赚到丰厚的回报。

一个正常的股市应当是投资者占主导地位，因此在经济形势好的情况下市场的发展也是稳健的。

但在投机者占主导地位的股市里，价值投资就是不存在的，只要股市有所异动，投机者就会如同鲨鱼一样赶来，用热钱迅速将股市炒热，而这无疑也给了一些狡猾的投机者以制造烟雾弹的机会。

举个例子，在股市上涨的趋势中，几个别有用心的庄家开始坐庄，人为将股票抬高，然后放出一些"内幕消息"，或者买通媒体、股评家、投资顾问进行造势。

一般投资者遇到这种情况，会做出自我判断，虽然不可避免有些人依然会被迷惑住，但大多数人都能够保持冷静。但投机者却不一样，一些人真的会相信"内幕消息"，会被烟雾弹所迷惑，然后当他们看到自己的投机行为确实有多回报之后，就会吸引更多的投机者，进而整个市场的投机者都会被吸引来。

在2005年到2007年我国股市的"大疯牛"行情中，很多一文不值的垃圾股被炒到天价就是由于这个原因。所以，当一个市场上充斥着投机者，甚至于市场外的人挤砍头也想进入股市投机，那么这个市场就不可能有良性的发展。

大家可能还记得2006年那诡异的一幕幕，出租车司机炒股，环卫工人炒股，卖菜的大婶炒股，连应该去跳广场舞、下象棋的老大爷老大妈都炒股。这些人很多连投资的基本常识都没有，却坚信股票能够赚钱，这样的股市哪有可能出现"慢牛"呢？

股市还要低迷多久

最近一段时间，上证指数一直都很平稳，在一年的时间里，虽然股指曾有过高企，但更多时候是以一种低迷的"疲态"展示给投资者的。

从2015年股指重归4000点到现在，股市可以说是一路缓慢下坡，毫无再迎"牛市"的迹象，这种"不思上进"的状况实在让投资者心焦，大家不禁要问，股市还要低迷多久才算结束呢？

读者在这里解答一下这个问题，想要问股市低迷的投资者应该首先搞清楚一点，那就是股市为什么能涨？

股市为什么能涨呢？因为股市代表着经济发展状况。股市是做什么的呢？简而言之是为经济提供资本的。经济是火车，资本就是动力，没有动力火车怎么向前开动？投资于股市能赚钱，是因为火车向前动了，现在，火车本身出了问题，试问股市怎么可能不低迷，投资者又怎么可能赚到钱呢？

中国经济最近几年发展得如何呢？用一句老话来形容：形势不错，困难不小。曾经，有人认为中国经济可以一枝独秀，曾经在全世界都普遍低迷的时候，我们中国依然用腾飞的姿态吸引着全世界的目光。

然而，在这种姿态背后，我们发现经济发展的后劲有些不足，我们的

经济发展模式似乎出了一些问题（至于出了什么问题，我们后面再讲）。有鉴于此，新一届政府下大力度进行经济制度探索，去产能、调结构、扶持双创、供给侧改革、"一带一路"国家倡议等经济组合拳纷纷推出，其目的就是让我国经济保持持久的动力。

改革的举措是正确的，改革的方向也是对的，但有一点需要注意，那就是改革需要时间，在改革的道路上，我们必须要面对阵痛。而当前我国经济正处在改革的阵痛中，整体经济环境虽然说不上低迷，但也绝对说不上火热，在这种情况下，股市怎么可能独善其身呢？

制造业低迷，居民收入下降，二三线城市实体产业越发难以为继，中小型企业频繁倒闭。相信生活在二线城市的读者最近两年一定对这些有所感受吧。

先说制造业，中国制造业最低迷的时候是在2013年前后，那时无论是轻工业还是重工业的日子都很不好过。在重工业领域，曾发生过一吨钢材赚一根雪糕的情况；而在轻工业领域，则出现过大量牛仔裤卖不出去改白送的场景。

5年时间过去了，虽然这种状况有所改观，但整体的低迷情况仍存在，具体表现为大量工厂开工不足、利润率低下。

居民收入下降是相对的，相对于几年前，大家的收入虽然有所增加，但物价的上涨速度更快，而且，因为制造业低迷，失业反而成了很多人的常态。

收入少进而影响到消费，依靠居民消费生存的实体产业营业额缩水，再加上各种上涨的成本，让很多实体产业都面临倒闭，而这又进一步加剧了失业率。有细心的读者可以注意观察，现在二三线城市的街边小店一般都替换得很快，很多店面一个月前还在卖糕点，下个月就变成了修手机，

第二章
股市与基金

这也从侧面反映了实体小生意的难做。

股市,作为经济的晴雨表,受到经济发展状况的直接影响。因为经济的低迷,股市的低迷就成了必然,而因为股市的低迷,更让投资者对于股市的未来持保守看法的居多,这就形成了恶性循环。在这种循环中,股市告别低迷的契机在何处呢?

笔者认为,就目前的股市而言,在不要求经济整体趋势突然好转的前提下,如果股市还有什么告别低迷的契机的话,那么就只有这三个条件具备了。

首先是养老金入市。

我国的养老金问题一直都是一个严重的问题,如果任由养老金作为沉淀资本的话,那就只能坐看养老金池的萎缩。如何能够通过投资来增加养老金池自我造血的能力,一直都是管理者苦苦思考的问题。

对于股市而言,养老金是一大笔资金,养老金入市对于股市而言无疑是一针强心针。然而,需要指出的是,养老金作为国家保障的一部分,安全性是第一考虑,如果没有完全的把握,养老金是不会贸然进入股市的,这也就是为什么养老金入市已经喊了十年却迟迟不见动静的原因。

其次,房地产价格回落。

没有人敢否认我国房地产领域的占款能力,因为房地产实在是太赚钱了,所以它吸引了大量社会资本。如果房地产价格回落到正常状态,那么可以想见的是,在房地产领域的大量资本就会被抽离出来,而股市无疑成了最好的投资领域。这样一大笔资金的涌入,必然会给股市带来新生。

最后,人民币升值。

人民币升值有两个好处,一是吸引国际资本进入中国,另一个是稳固资本和促进资本的回流。前几年,因为国内经济形势低迷,很多资本都迈出国门进入到国际市场寻找机会，资本永远都是趋利的，所以这一点无可厚非。

而如果人民币大幅升值，尤其是对美元升值，那么无论是国际资本流入还是国内资本回流，二者都可以增加股市的资金流量，进而让股市活跃起来。

从大的方面来看，股市依托经济，股市告别低迷必须也要经济态势先行。但就目前来看，如果想让股市短暂高企，那么只需要给股市注入大量资本就可以，而能否实现这一点，或者资本肯不肯流入股市，则需要股市给资本一个投资于股市的理由。如果没有理由，资本是不会做无利不起早的事情的。

小道消息，为什么是不可信的

周先生在政府部门找到了一份工作，轻松稳定不说，工资收入还不低。每个月除了正常的家庭支出外，周先生都会剩下一部分钱。以前周先生会将钱交给自己的妻子存到银行中，但自从接触到投资之后，周先生便开始用这些富余的钱进行投资。

虽然对于投资方面的知识了解不多，但周先生认识几个投资多年的老朋友，经常会从他们那里听到一些"小道消息"，凭借这些"小道消息"周先生还真的赚到了一些钱。

一天，周先生看到老朋友们在微信群中聊投资某基金，大家都说现在的股票市场不景气，但某基金非常坚挺，很多人都跟着赚了钱。看着朋友们讨论，周先生也开始有些心动了，在与朋友们的交谈中，一个朋友说这家基金公司的另一支基金将会有一波买入的机会。周先生心想前几次朋

第二章
股市与基金

的"小道消息"都十分准确,这一次估计也没问题,而且相对来说基金的风险性也要比股票市场小一些,周先生便将自己的30万元积蓄全部投入到了基金当中。

但令周先生没有想到的是,这支基金买入第二个礼拜后就开始跌,而且因为没有设置止损,周先生将前几次赚到的钱全部赔了出去,并且还赔进去了一大部分本金。

周先生的遭遇对于大多数投资者来说可能并不陌生,像周先生这样的投资者因为对于投资知识了解得不多,投资的经验也比较少,所以很可能会将从其他地方听来的"小道消息"作为自己投资的依据和标准。

然而,他们却不知道,他们自以为有利可图的小道消息往往就是别人设置下的陷阱。

在前面周先生的故事之中,周先生知道基金的收益较高,而且也相对稳定,所以一听到朋友谈及最近有可以赚钱的机会之后便迫不及待购入了这支基金。这主要是因为周先生缺少对于投资的深入理解所导致的。

"小道消息"一般是指道听途说或是从非正式途径获得的消息。在投资市场中,通过利用信息的不对称,在利好消息公布之前,投资者可以从非正规的渠道来获得"小道消息",然后提前购买股票,获得收益。在利空消息发布之后,又可以提前将手中的股票卖掉,来尽可能减少自己的损失。

比如某公司有一项重大的研发有了进展,预计可以在两年之后上市,填补某个市场的空白,这当然是重大利好。消息一旦披露,公司在股价立即就会暴涨。

结果,研发实验室的负责人在消息披露之前半个月就把消息透露给了自己的亲戚,亲戚提前购买了公司的股票,等到上涨的时候赚了一大笔。

然而没过多久，验收部门发现这次研发的成果存在问题，并不能很快投产，这又是一个利空消息，研发部门负责人再次把消息透露给自己的亲戚，亲戚提前放空股票，又避免了损失。

可以说，正是因为"小道消息"的这种特性，才让众多投资者对其趋之若鹜、盲目追随。然而，对于大多数投资者而言，所谓的"小道消息"几乎全都是骗人的陷阱。

依靠消息进行投资是非常可怕的，但对于那些曾在股市上升期依靠"小道消息"而获利的投资者口中，不去听信"小道消息"就会让自己与财富失之交臂。事实上，这些人并不知道，真正让他们获得盈利的并不是"小道消息"，而是当时蓬勃发展的投资形势。

"小道消息"的来源往往是不可靠的，虽然大多数"小道消息"都自称来自于内部人士之口，但谁也没有见到过这个内部人士。

然而，为什么还会有前面所说的许多投资者"宁可信其有，不愿信其无"呢？除了一些"小道消息"的确为投资者带来过收益外，还有一个更为重要的原因。对此，笔者用一个例子来说明：

某一天股票市场开始传出要大跌的消息，而且这时恰好有大户在抛售股票，这让众多小投资者不得不开始行动起来，越来越多的小投资者相信这个消息开始抛售股票，股票的价格因此受到了一定影响。

这时，官方开始辟谣说这个大跌的消息不属实，但事实上大多数股民的确看到了股票价格在下降，所以官方的辟谣反倒让"小道消息"成为了事实。

随着这种情况的不断出现，渐渐地，"小道消息"开始成为一种比官方消息更容易让投资者信赖的投资依据，众多投资者也开始养成打听、传播"小道消息"的习惯。

更为可怕的事情是当最终市场趋于稳定之后，大多数听信"小道消息"的投资者才发现自己成为了最后接棒的那个人,但他们却并不认为是"小道消息"有问题,而是自己没有及早地按照"小道消息"的指示去进行投资。所以,可能最后的结果是,这些被"小道消息"坑害的投资者们反而会更加相信后面的"小道消息",这一次惨痛的教训反而为这些投资者上了一堂生动的实践课。

在当今投机氛围十分浓重的中国股市上,"小道消息"可以说获得了一个绝佳的生长空间,而刚刚进入投资市场的投资者则成为"小道消息"的忠实传播者,更进一步促进了"小道消息"的发展壮大。

其实,一个冷静的投资者判断小道消息是否可靠并不需要经济知识,只需要常识就可以了。如果小道消息真的有那么准确,那么你我作为一个普通投资者,这些赚钱的机会凭什么被我们获知呢?

这就像是读者知道哪个地方埋藏着黄金,你会四处宣扬吗?还是会自己一个人偷偷把黄金挖走呢?准确的"内幕消息"就像是黄金,凭什么别人会告诉你呢?

巴菲特曾经说过:"就算有足够的内幕消息和100万美元,你也可能在一年内破产",在他看来,投资者如果始终根据"小道消息"来进行投资,是没有办法保障自己长久获益的。

所以,一个聪明的投资者不要去轻信"小道消息",投资者只有真正养成独立思考的习惯,努力学习投资知识,才能在投资市场中获得成功,虽然这可能需要一段较长的时间,但却是投资者必须要经历的阶段。

和基金一起成长?只能是梦想

在很多普通人看来,百万富翁似乎是一个既遥远又现实的目标。现实是因为，相对于亿万富翁、千万富翁而言，百万富翁并不是那么遥不可及；遥远是因为，普通的工薪阶层依靠工资可能一辈子也攒不够100万元。

现实确实如此，如果想要靠日常节约来攒够100万元，读者需要每个月存下2777元，坚持30年，即便算上复利，也需要20年，而大多数工薪阶层都是无法做到的这一目标的。

而且，生活中总是有这样那样的突发事件打断你的长期储蓄计划，即使你拼命坚持存够了30年后，而30年后的100万元又到底值多少钱呢？

但是，如果能够把钱放在一个长久持续的投资产品上，让钱乘上投资回报的东风，那100万元就是一个很容易达到的目标了。那么，现实中有没有这样的投资产品呢？很多人就将目光投到了基金上。

相对于股市的大起大落，基金往往给人一种十分稳健的印象。尤其是对于大多数不懂得经济常识和投资知识的普通人而言，专业化的基金更是一个很好的投资选择。那么，投资基金靠谱吗？回答这个问题，我们先来看一下什么是基金。

从广义上说，基金是指为了某种目的而设立的具有一定数量的资金。例如我们常见的住房公积金就是基金的一种，类似的还有信托投资基金、保险基金、退休基金等等。

不过，普通人口中的投资基金一般主要是指证券投资基金。证券投资基金是指通过发售基金份额，将众多投资者的资金集中起来，形成独立资产，由基金托管人托管，基金管理人管理，以投资组合的方法进行证券投资的一种利益共享、风险共担的集合投资方式。

基金有多种分类，根据基金单位是否可增加或赎回可分为开放式基金和封闭式基金。这两者的不同之处是：

第一，存续期限不同。开放式基金没有固定期，可以随时赎回；封闭

第二章
股市与基金

式基金有固定的封闭期,一般为10年到15年。投资者可根据自己资金的实际情况确认选择哪种。

第二,规模可变性不同。因为开放式基金没有发行规模限制,投资者可以随时提出认购或赎回,基金规模因此而增加或减少;但封闭式基金有基金规模,并且发行后在存续期内总额固定,未经法定程序认可不能再增加发行。

第三,可赎回性不同。开放式基金在首次发行结束一段时间(最长不得超过3个月),投资者可随时提出赎回申请。而封闭式基金在封闭期间不能赎回,挂牌上市的封闭基金可以通过证券交易所进行转让交易,但份额保持不变。

第四,投资策略不同。为了方便投资者随时赎回兑现,开放式基金在投资组合中都保留一部分现金和高流动性的金融商品;而封闭式基金可以用来长期投资,基金资产的投资组合能在有效的预定计划内进行。

总的来说,基金就是把自己的钱交给专业的基金经理搭打理。而基金经理帮你投资的领域一般是股市、债券市场、货币市场等等。

专业人士打理专项投资,这听起来似乎很不错,然而事实真的有这么好吗?

客观来说,投资市场上表现优异的基金确实是有的,而且数量并不少,这些基金的共同特点是:基金经理专业且富有责任心,对风险的预判和把控能力较强,信息披露得准确且及时。总的来说一句话,就是把客户的钱当自己的钱用,把对客户负责放在第一位。

然而,这种优良基金的数量虽然不少,但在整个基金市场上所占的比重还是过低,更多的基金根本就做不到对客户负责,甚至有用客户的利益中饱私囊的。

像后者这样的基金，用著名投资学者马尔基尔的话说就是：把我们的钱交给了猴子打理。这句话出自一个严肃的笑话。

马尔基尔在其著作《漫步华尔街》中开过一个玩笑，他说，如果将纳斯达克的股票代码全部贴在墙上，然后找一只蒙着眼睛的猴子，让猴子拿起飞镖闭着眼睛乱扔，之后把猴子扎中的股票做成组合基金买下来，获得的实际效果绝对不会比一个基金经理的业绩差。

马尔基尔这话虽然是笑话，但后人真的做过类似的实验，结果确实如马尔基尔所说的，所谓的专家们精心挑选的基金组合真的和随机挑选的基金组合所取得的业绩不相上下。

美国这样投资市场成熟的国家尚且如此，就更不要说我们这个一片乱象的投资市场了。在我们的基金市场上，充斥着这样几类人。

一种是所谓的投资顾问。他们往往毕业于某高校的经济领域，有过数年投资经验，但成绩寥寥，依靠包装和同行吹捧成为"专家"，自欺欺人地故作专家范儿在投资市场上指点江山。这类人掌控基金的业绩好坏，用一个字来形容就是"蒙"。他们的业绩几乎全靠蒙，蒙准了就是自己有本事、有眼光，蒙不准就是市场环境不好、经济整体趋势低迷。把钱交给这种基金经理打理，就如同把钱交给猴子打理一样盲目。

另一种是黑心投资顾问。相对于第一种的愚蠢和莽撞，第二种人则是心狠手辣，他们熟悉基金市场的运作规律，了解基金领域的各种黑幕，所以能够熟练运用规则钻市场的漏洞。他们为了自己的个人目的，可以毫不犹豫地牺牲投资人的利益。

十年之前，在基金市场还不是很规范的时候，曾经有一位基金经理做过这样一件事：他一共掌控着几支基金，其中一支基金是私募性质的，私募者是这个城市的显贵。他知道，如果让这些显贵的基金赚到钱，对于自己今后的发展会有极大好处，于是为了讨好这些显贵，他特意用自己的另几支基金来炒高这一支基金所投资的股票。

不到一年时间，投资这支私募基金的显贵们赚得钵满盆余，自然对他刮目相看。而他的其他几支基金则被牢牢套住，投资人赔得血本无归。

还有一种人，他们是基金界的"老油条"。他们不会像第二种人那样黑心，不会为了自己的利益铤而走险，但他们也不会为了客户的利益多耗费精力。他们的目的就是让自己的基金四平八稳，如果真的有什么风吹草动，他们首先想到的也是保住自己的既得利益。

这种基金经理可以用不思进取来形容，如果把钱交给他们打理，用一句话来形容就是"大家都赚钱的时候他赚得少，大家都赔钱的时候他跟着赔"，基本上也不会有太好的投资前景。

综上所述，基金市场相对于股市的风险肯定是要小一些，但是整个市场鱼龙混杂，想要寻找一支能够放心交托财富的基金并不那么容易。所以，在投资基金之前，投资者还是应该多少掌握一点投资的常识，且不可以为基金都是专家打理就掉以轻心。要知道，在投资市场上，代表你利益的不是任何人，而只有你自己。

私募基金，陷阱和馅饼并存

股票风险大、保险骗局多、基金不靠谱，难道就没有一个靠谱的投资品留给我们了吗？其实，靠谱的投资品有很多，关键是我们要如何把它从鱼龙混杂的投资市场中找出来。

以基金为例，在大量公募基金活跃的市场上，有一类基金就可以说是陷阱和馅饼并存的投资品，这里面隐藏着巨大的机会，当然，也存在着极

大风险，这就是私募基金。

相比于对公募资金的了解，投资者对于私募基金的了解并不多，很多投资者甚至并不知道私募基金的存在。下面我们就去详细了解一下关于私募基金的一些内容，从而让投资者能够更加详细地了解基金投资这一投资方式。

私募基金又被称为私人股权投资，是用来指称对任何一种不能在股票市场自由交易的股权资产的投资，是一种私下或者直接向特定的群体募集资金的行为。从具体的种类上来看，其包括杠杆收购、风险投资、成长资本、天使投资等不同的形式。

从发展历史来看，私募股权基金起源于美国，最初是一些富有的人通过其他人的介绍，将自己闲置的资金投入到一些风险较大的新兴产业之中，这类投资往往是出于投资者的个人决策，而不经过专门的机构和组织。渐渐地，这种形式的投资行为逐渐发展成为了现在的私募股权基金。

虽然现在私募越来越多地出现在中国的资本市场之中，但对于私募的定义却很难在我国的现行法律之中找到。一般来说，在国内还未上市或准备上市的公司在上市之前进行的私募融资活动被称为"私募"，已经上市的公司私募融资活动则被称为"定向增发"。

至于私募基金的基本特征，我们可以通过一个小故事来了解。

顾先生手中有一笔钱打算用来投资，虽然之前他在投资上已经小有成就，但顾先生总是觉得相比于那些金融大鳄，自己的赚钱速度实在是太慢了，不如利用自己的资金和人脉搞个私募基金来试试。

虽然知道私募基金的存在，但对于具体如何申请私募基金，顾先生也是一头雾水。来到证监会之后，顾先生才知道个人是没有办法申请私募基

第二章
股市与基金

金的，只能挂靠在机构上面。顾先生依靠关系找到了一个符合条件的机构，开设了自己的私募基金。

但开设了基金之后，顾先生才知道以后想要这只基金运转起来必须要有超过一半的投资人身家在300万元以上。这一点是顾先生在之前没有想到的。

为了扩大基金规模，顾先生找到朋友小茗，两个人每人投入了200万元。看到顾先生在搞基金，同乡吴先生和生意伙伴朱女士也想要加入，但由于他们只能拿出几十万元，所以被顾先生的基金拒之门外。

在基金成立之后，顾先生和其他人约定以1年为锁定期。在锁定期之后，投资人可以在固定的日期之内将资金赎回。最后经过协商，顾先生可以在最终的收益之中先分20%的收益。

上面的故事已经涉及到了私募基金的几个重要特征，首先是合格投资人，根据《信托公司集合资金信托计划管理办法》的规定，如果想要成立私募基金必须要挂靠机构，而不能个人申请。同时在《私募投资基金监督管理暂行办法》之中，还明确规定私募基金的投资者金额不能低于100万元。

一个"合格投资者"的个人净资产不能低于1000万元，个人的金融资产不能低于300万元，同时个人的最近三年平均年收入不能低于50万元。

第二个特征则是"个人高占比"，也就是说想要成立私募基金，发起人必须首先成为这个基金的债权人，这样才能让别人放心过来一起投资。

第三个特征是"高门槛"，将私募基金的投资门槛定在一个较高的阶段，一方面可以刷掉一部分资金实力不足的人群，在限制参与人数的同时可以保障私募的性质。另一方面可以保证进入私募基金的人群多是一些风

险承受能力较高的群体，这样也可以保证私募基金的稳定发展。

第四个特征则是"锁定期"，相对应的第五个特征是"定期赎回"。锁定期是投资人约定一个锁定期限，在这个期限之中不可以随意撤资。定期赎回同样是双方约定一个日期，也就是在过了锁定期后，在这个日期时投资人可以赎回自己的投资。这样便可以保证基金平台资金的稳定性和流动性了。

第六个特征是"收益权分配"，在这里由于基金的发起人在基金投资的整个过程中付出了较多的劳动和智慧，所以在最后分红时发起人一般可以享受到优先分红。

从这些特征之中可以看出，私募基金相对于公募基金有着一些独特的优势，但同时其进入的门槛也是相对较高的。也正因此，私募基金又被称为"有钱人的投资"。除了上面这些特征外，私募基金还具有非公开性、灵活性、专业性等优点，这也让它成为了大多数中产阶级投资的一个重要选择。

那么，私募基金又怎么会成为馅饼呢？这里笔者再举一个例子：

2004年的某一天，美国硅谷某人在办公室里迎来了一位犹太小伙子，这位年纪轻轻的犹太人来自斯坦福，他有一个商业创意想要找人投资。这人听了听犹太小伙子的想法，觉得这值得投资一下，于是他成立了一项基金，只用于对这个犹太小伙子的商业项目进行投资。

几年之后，这个小伙子的创意获得了成功，一个叫Facebook的网站冉冉升起，成为世界互联网界的宠儿，这个叫彼得·泰尔的人也依靠该投资让自己和基金的合作伙伴们获得了超过6000倍的利润。也就是说，那个时候加入泰尔私募基金的人，哪怕是只投资了1万美元，也会获得6000万美元的回报。

第二章
股市与基金

私募基金因为其隐蔽性,有很多说不清道不明的地方。这里面可能汇集了解内幕的神秘人士,可能汇聚了某个行业的牛人大咖,也可能存在某个特别有能量的人物,因为有这些人物的存在,就等于是给基金增加了很多不确定性。这种不确定性既是好事也是坏事,所以说,私募基金既是馅饼又是陷阱。

不过,笔者需要提醒读者的是,对于一般投资者来说,虽然私募基金具有很多优势,但还是需要根据自己的实际情况进行投资。要知道,你处于商业"生态链"的哪一层,决定了你能够遇到怎样的私募基金。如果你本身的能量不是很大,那么你遇到馅饼私募基金的几率不是没有,而是微乎其微。

第三章

金融与互联网

"高利贷"不合法但合理

不知道读者有没有注意到,最近十年,我国民间开始出现一些短期借贷公司,这些公司主要打的旗号就是帮助企业融资,解决短期资金链问题。

我们在第一章讲过,因为房地产领域吸纳了大量资本,导致其他领域资金严重短缺。很多企业发展需要资本,从别的渠道无法获取,就只能求助于这些借贷公司。这些公司的出现,确实为很多民营企业解决了问题,然而却也催生了另一个严重问题——高利贷。

一提到高利贷,有正义感的人脑海里就不由得会产生联想:利滚利、黑心钱、印子钱、黄世仁……确实,自古以来,高利贷似乎一直与罪恶联

第三章
金融与互联网

系在一起。然而，一个这么罪恶的事情为什么没有禁绝，反而愈演愈烈堂而皇之地成了一个正当职业呢？这个问题是值得深思的。

在这里，我们来看一个高利贷的原始雏形：

在古代，农民A家里有10亩地，普通年景生活得还不错，交了国家的税役，养活了一家老小，到年底还略有盈余。然而今年不同于往年，年景太差，倒春寒接着是大旱，然后是蝗灾，到了秋天庄稼又绝收，A家里已经揭不开锅了。A家里是这样，亲戚朋友家里也一样，实在走投无路了，A想到去地主B家里借钱买粮。

地主B提出，借钱可以，但灾年利息要高一点，月利7分。这明显就是高利贷了，A摇摇头拒绝了。走出B家门后到处借钱，发现哪个地主家都是这样，亲戚朋友又靠不住，于是一狠心就借了100块大洋。一年时间很快就过去了，到了要算账的时候，B上门讨债，A一共要还给B184块大洋，A实在还不起，无奈只好把自己的10亩地抵给A，全家成了B的佃户。

看完这个故事，肯定已经有人骂地主黑心了，但先不要激动，让我们看看这个故事的关键之处。

第一，地主B并没有强迫农民A找他借贷，当年年景差不是地主B的责任，农民A家里揭不开锅也不能怪到地主头上，所以从借贷的角度讲，地主B没有错。

第二，利息算不算高。地主索要7分利，毫无疑问是高利贷，但问题要在特定的环境下考虑。普通年景，7分利肯定是没有人愿意去借，但碰到大灾之年，无论是粮食还是钱都成了稀缺物资，用高价购买稀缺商品这是市场的结果，并不怪地主。

想明白了这一点，只要换个角度就行了。在沙漠里卖水，一瓶水哪怕卖到10万美金也不会有人说贵，原因就是由于水在沙漠里的稀缺性。

大灾之年，粮食就像沙漠里的水一样宝贵，农民A如果能从亲戚朋友那里弄到钱也不会去借高利贷，但他弄不到，又不能眼睁睁看着一家人饿死，所以只好出此下策，这是没有办法的办法。

当然，有人可能会说了，为什么地主不能发发善心开仓放粮呢？如果你这样想，那只能说你不太适合考虑经济问题。经济需要的是普适性，我们毫不怀疑在大灾之年有很多有良心的地主会救济穷人，但我们不能要求每个地主都这样做。

就像现在社会上缺钱的人很多，我们不排除读者是个大善人，愿意把自己银行里的存款都掏出来给需要的人，但不可能每个人都和你一样，你想要人家把自己的钱交给别人，你得给人家更大的利益才行，这个利益就是让人满意的利息。

在回到当下的民间借贷上来，为什么民间借贷声名狼藉但却生机勃勃呢？其原因就是，社会资金短缺太严重了。

以最近几年社会上因为讨要高利贷而引发的几次恶性刑事案件为例，几乎每一个案件的开头都是一个再不投钱就倒闭的企业。

企业资金短缺，往往就像渴死的人缺水一样，为了喝到一口水可以不惜代价。结果借到钱之后，企业发展却没有预期的好，到期还不起钱来就只能一拖再拖，最终演变成恶性追讨事件。

我们并不是说恶性追讨高利贷有理，恶性的行为无论出发点是什么都应该遭受到法律的制裁。但我们要说的是，追讨的行为本身是由借贷行为引起的，而企业借贷的初衷是拯救企业，借贷公司放贷的初衷是到期获利，这是双方你情我愿的，并不存在谁对谁错的问题。

那么有人会说，难道借贷公司不能把利息设定得低一点吗？这就回到了我们刚刚的问题，即资金的稀缺性上。

第三章
金融与互联网

我们目下社会的现状是，资金的缺口大、资金的供应量小，在这种情况下，使用资金的利息必然是很高的。

而且，民间借贷还存在一个法律风险的问题。因为我国政府虽然并不排斥民间借贷，但对于民间借贷的利息、民间融资都有严格的规定。比如，我国法律规定，超过银行利息利率4倍的借贷关系，司法部门即不予支持。又如，民间融资风险性极大，而我国政府对于非法融资的打击向来十分严厉。这就导致民间借贷处于一个法律的灰色地带，一不小心就容易触碰法律的高压线。

而我们知道，想要让一个人冒较大的风险做一件事，必须要有更大的利益驱动，这在经济学上叫作风险补偿。因此，这也就导致了民间借贷的利息降不下来。

当然，还会有一种"何不食肉糜"的说法，既然民间借贷这么可恶，为什么不找银行借呢？这个问题，用一句话来说就是，如果民营企业真的能从银行借来钱，谁还会去借"高利贷"呢？我国政府三番五次要求银行对民营企业进行资金支持，可是效果如何呢？资金还是如江河汇入大海一样流入了房地产领域，民营企业只能望梅叫渴，干瞪眼没办法。

那么，面对民间借贷，我们就没有任何办法了吗？其实，解决的方法也很简单，只要放开民间借贷的缺口就行了。我国民间的限制性资金有很多，如果这些钱都能够被合理地调配起来，那么资金的稀缺性就会得到很大的解决，到时候再有哪家借贷公司抬高利息，大家只要不去借他的钱就可以，他就慢慢被市场淘汰了。

民间借贷的经济问题写到这里，所要指出的就是一个问题：民间借贷虽然从法律层面处于灰色地带，从情理上讲不怎么道德，但从经济的角度讲却是非常合理的存在。而想要解决民间借贷"高利息"的问题，只需要在市场上调整好供求关系就可以了,而这是需要政府开动智慧的事情。

民间借贷为何演变成庞氏骗局

民间借贷有借入款项的一方,当然也有借出款项的一方。一般来说,借出方以民间小型借贷公司为主,但这些公司也不过是资金的中介,他们吸收的也是普通百姓手里的钱。

而还有一种模式,那就是普通百姓把钱直接投向企业,从而省去了中介这个环节。但无论是前者还是后者,都存在着极大的隐患,尤其是最近几年,我国的大量民间借贷大有演变成庞氏骗局的风险。

最近Q市一个企业老板跑路的消息传遍了整个城市,让很多人的神经顿时崩溃了,这些人都是曾经借钱给这位老板的投资者,他们聚在一起商量对策,老吴就是他们当中的一个。

老吴是一个普通的高中老师,当老师这么多年攒了点钱,一直都放在银行里吃利息。最近一段时间,钱变得越来越"毛",老吴和老婆想着把钱放在银行里有点亏,正好这个时候学校里流传着一个民间借贷的机会。

原来,该市钢铁企业家周老板最近生意有些紧张,资金链出了问题,需要吸收一些资金,周老板承诺30%的年利率。周老板和校长有点关系,所以,学校老师第一时间知道了这种好事儿,有些老师已经借给了周老板不少钱,有些甚至拿出了一辈子的积蓄,在这种情况下,老吴也心动了,投入了20万元钱。

老吴想,周老板家大业大,不会赖自己这点钱。退一步讲,周老板的生意如果真的破产了,至少他还有房子有地,到时候一变卖一样能还回来钱来。

第三章
金融与互联网

然而，仅仅8个月之后，周老板的钢铁企业还是倒闭了，山穷水尽的周老板选择了跑路，留下了一个烂摊子和一身债务。此时，老吴才知道，周老板的房子和地早就抵押给银行了，他已经没有任何能变现的资产了。

最近十年，我国民间借贷发展得轰轰烈烈，不少人都参与其中。作为一个对金融比较敏感的人，即便读者没有亲自参与，至少也听说过身边有人参与其中。

然而，无论是亲身参与还是听说，我们见到的民间借贷大多以两败俱伤告终，贷款的人生意失败，借款的人血本无归，这是因为什么呢？难道民间借贷真的都是骗局吗？

我们首先来分析一下民间借贷到底是什么？简单来说，其是一种双方参与的金融手段，它解决的是私营企业筹资困难的问题。

企业筹资困难的原因有很多，这不是我们讨论的重点。那么，通过民间借贷的方式来解决私营企业筹资困难的问题，这难道不是好事吗？确实是好事。只不过，好事在某种情况下会变成坏事，比如，高息吸收民间借贷。

民间借贷的第一个问题是高息。在我国，企业银行贷款利息一般在10%左右，这已经让企业负担很沉重了，而民间借贷利息则至少要在20%，虽然法律只保护24%的偿付线，但大多数民间借贷利息依然高达30%以上，甚至有超过40%的。

这样高的利息借贷给企业，企业需要多高的收益才能抹平这一资金成本呢？要知道，搞民间借贷的一般都是地方大企业（因为小企业没人相信），在现代中国，无论是哪个行业，不偷不抢想要靠办企业一年赚40%，这几乎是不存在的。

那么有人会问，既然利息这么高，企业为什么不找银行借呢？答案是银行不借。我国银行放贷需要有抵押物的，而这些企业可抵押的资产早就已经抵押出去了，难道企业找银行可以借钱，它还会傻到去民间搞高息贷款吗？企业家当然有很多奉献社会的，但奉献社会也没有这么干的。

因此，民间借贷的企业本身就存在着极高风险——企业资产早已抵押，本身偿债能力就不足，再加上高息负担，让背负民间借贷的企业基本上都到了破产的边缘。

所以，企业是不到万不得已不会搞民间借贷的，而民间借贷借给即将破产的企业，有多大的利率能收回来就没有人知道了。

其次，民间借贷还面临另外一个问题，那就是贷款方向不确定。因为我国民间借贷尚处于灰色地带，监管一时还没法到位，所以存在很多问题。

比如，明明是借给某家具企业的钱，转手就被借给了房地产企业，这样无形之中就增加了很多不确定性风险。借款人不知道钱到底借给谁了，贷款人不在乎借款人的权益。在这样的情况下，民间借贷就不免走向高息吸收贷款—高息回报—本金无保障—借贷崩盘的恶性循环，这个循环看起来很眼熟对不对？这就是典型的庞氏骗局。

有些企业发展得很好，但就是一时出现了资金链问题，为了继续生存启动高息杠杆，解决了燃眉之急，这是一件很好的事情。然而，因为上面两个问题，让民间借贷不可避免地走向了庞氏骗局，以至于现在很多地方谈起民间借贷来几乎都等于是在谈论诈骗。

那么，民间借贷这种金融手段还要不要存在呢？当然要存在！一方面老百姓手里有闲钱没地方投资，另一方面企业急需要用钱并愿意为此支付一定的利息，这是互利互惠的事情，为什么不搞呢？关键在于怎么搞。

其实，想要让民间借贷良性发展很简单，只需要一件事，那就是放宽民间借贷的限制。现在的民间借贷利息为什么那么高呢？就是因为太少了。

譬如市场上有十个需要100万元的企业，而民间借贷的融资总额只有100万元，那么当然是十家企业里面谁出价高就贷给谁，结果一来二去就变成了高息贷款。但如果民间借贷能够融资到1000万元呢？那么就会贷给每一个企业，而且价格也不会太高。在这种情况下，每一家借贷机构都会很正规地运作贷款，因为一旦有人不正规，那么企业可以向其他结构贷款，老百姓也可以把钱放到其他机构去，政府监管也会变得容易。

整个市场是良性发展的，再加上政府监管，民间借贷就会越来越繁荣，最终成为一种银行之外的金融补充手段。

所以，我国民间借贷最终成为庞氏骗局，成为很多老百姓的噩梦，原因就在于民间借贷的融资口太窄，而融资口之所以窄。是因为金融业是被垄断的。

可喜的是，新一届政府已经意识到了这一问题，并已经有了在金融领域进行改革的苗头，我们期待着这些苗头成为改革民间信贷的信号，让中国的民间信贷真正走到一条可持续发展的正轨上来。

互联网金融的本质仍然是民间借贷

最近几年，O2O、互联网+、区块链等热词层出不穷，每一个词都牵动着无数行业，金融领域自然也不遑多让。

相信很多读者都有过这样的经历，在浏览网页查找东西的时候，网页上总是跳出来这样那样的窗口，有时候一不小心点进去，瞬间便觉得自己点了个非法小网站，结果仔细一看才看清，这里写的都是"××金融，为您提供多元理财，让您足不出户赚大钱""××P2P金融，为您的财富保驾护航""××众筹资金，最值得信赖的托管理财"……这才恍然大悟，原来是互联网金融。

页面弹窗从非法小网站、网络赌博变到了互联网金融，从这一个变化上我们就能感受到互联网金融的蓬勃发展，用一个"热"字来形容绝对是不为过的。

业内炒作，大众追捧，大咖站台，热钱涌入，汇集了这些的互联网金融似乎变成了一个时代的盛宴，每个人都想进来分一杯羹。

老王是普普通通的公务员，生活很稳定，这么多年赚的钱一直都存在银行里。但最近，他和老婆商量打算把钱存到一个互联网金融平台上去。按照老王的说法，银行利息太低，而这个网络金融平台承诺的要高得多，且这个平台似乎有政府背景，很保险。

老王的想法是我们当下普通人的写照。手里有点闲钱，不知道该怎样去投资，进股市不敢，买基金不懂，出来了个互联网金融平台，不正好解决了老百姓的需求吗？

那么，互联网金融真的有这么好吗？当然不是。短短四五年时间，互联网金融平台倒闭，创始人卷款潜逃的事情屡屡发生，一些平台高息吸收存款、走庞氏骗局的老路已经不是什么秘密了。

当然，一个行业出现几个劣质企业在所难免，也不能因此就说一个行业有问题，所以有人说，互联网金融从本质上来说还是好的，只是现在还不规范而已。真的是这样吗？答案是否定的。

判断一个行业是否优质，确实不能以某个企业为标准，但我们可以深入挖掘这个行业的细节，看清楚它的本质。互联网金融的本质是什么呢？说到底，依然是民间借贷。

第三章
金融与互联网

现在，整个市场上的互联网金融平台多种多样，有的只做房子，有的只做商业贷款，有的做基础建设，还有很多做一些我们听上去根本就不明白的名词。作为一个普通投资者，你不要被这些名词所迷惑，只需记住一句话，这些名词跟你基本上没什么关系。

无论这些互联网金融平台主营哪一种业务，其核心构成依然是：吸收存款—发放贷款—还本付息—回本收息。有些平台会添加很多花里胡哨的业务，但这不要紧，读者只需要辨识一下你与平台所发生的所有往来，说白了是不是就是——你借钱给平台、平台给你返还利息并按约定到期支付本金。只要是这样，那就依然是民间借贷。

有人说"我这是分红形式的"，有人说"我这是概念投资"，有人说"我这是点对点发放"，但这些不过是形式而已，形式复杂恰恰说明了刻意要隐瞒的本质。

当然，我们前面也讲过，民间借贷也不是完全不值得信赖，从一定程度上来讲，民间借贷正好缓解了我国居民储蓄过高、投资机会稀缺的问题。那么，以互联网形式出现的民间借贷，懂经济的人应该怎样去看待呢？在这里，笔者给读者的建议是：谨慎投资、切勿贪心。

与很多普通民间借贷不同，互联网金融涉及的信息更多，里面隐藏的内幕更为复杂。投资者向某个金融平台投资，很大的可能性是并不知道自己面对的是谁、谁该为自己的资金负责，这样等到真的出问题时往往找不到解决的方法。

我们以某汽车金融平台为例。该平台的业务简单来说就是用汽车做抵押，吸收投资者手中的存款，这个平台为投资者提供两种投资模式，一种是投资于平台，平台到期还本付息；一种是投资于车主，车主与投资者直接对接，平台提取少量中介费用。

首先说投资于平台,以为平台是整体吸收资金的,投资者不能确定自己的资金是否真的用来投资于汽车领域了,很可能被平台挪用到其他回报率更高的领域,这无形中就增加了投资的不确定性。

投资者会觉得,只要是平台还在不就可以吗?但问题在于,平台与投资者的资金对价的是汽车,也就是说万一平台投资失败了,至少还有一辆其他人抵押的汽车。

但一旦平台将资金挪作其他用途并出现投资失败,那么平台本身是没有充足的资金来还本付息的,而汽车价值就与平台吸收的资金总数不符,到时候投资者能拿回来多少本金就没有人能保证了。

其次再说与车主直接投资。这方面最容易出的问题有几个:

1.平台虚估车价。因为平台作为投资中介会为投资者提供评估,那么这里就有了可操作的空间,平台可以通过虚估车价来增加你的投资成本,恶劣一点的甚至会购买即将淘汰的车辆来套取投资,反正最终无非就是把一辆不值钱的车交给投资者而已。

2.追责困难。因为平台是以中介深入参与投资的,所以投资的直接责任人是车主而不是平台,如果车主刻意违约的话,投资者追责起来会很不容易。

3.合同陷阱。一些平台会在双方签字的合同上预设很多的陷阱,这些陷阱大多是站在平台和车主的角度来拟定的,投资者稍不注意就会被误导,进而做出错误的判断来。

投资于汽车的互联网金融平台只是一个简单的例子,读者可以把汽车换成房地产、基础设施建设、"国家工程"、"政府项目"……你会发现,它们本质上其实都是一样的。

所以,当下次你再不小心点开某个网页弹窗,或者你再一次听到身边

第三章
金融与互联网

谁提起网络理财"投资回报高又靠谱时",请你下意识地捂紧自己的钱包,要知道,打着高科技旗号的新型商业模式不一定是机会,也可能是陷阱。

网络借贷,陷阱在向你招手

由于提前用完了这个学期的生活费,路路在朋友的推荐下通过某互联网平台贷款了5000元。因为路路是在校学生,所以该平台声称会给他一定的优惠,不但不要抵押,还给与一定的利息减免,这些优惠让路路很动心,他觉得自己找到了一个"好心"的公司。

在申请贷款的过程中,路路看得非常仔细,对于合同的内容以及具体的偿还利息都记得十分清楚。在经过了一系列复杂的审批之后,路路很快便拿到了这笔贷款。

有了钱的路路并没有控制住自己的购物欲望,反而在消费上越发"大手大脚"。这也导致自己的贷款很快便花完了,而后路路又通过这一平台贷到了3000元钱,结果在一个月之内又花得一干二净。

由于到了规定的期限没有办法偿还贷款,路路只得向父母寻求帮助。虽然父母帮助路路还清了贷款,同时也并没有过多地责怪路路,但路路的内心却依然十分惭愧,同时对于贷款也产生了一种恐惧感。

在很长一段时间里,贷款只是走入社会之中的人会使用到的金融工具。但随着社会经济的不断发展,越来越多新的金融工具出现在了我们的生活中。互联网的普及在为人们的生活带来便利的同时,也同样为社会带来了很多不安定因素。

近年来,"校园贷"引发的风波持续发酵,裸条、裸贷、自杀事件层出不穷,不仅影响了金融市场的稳定,同时也对社会带来了十分恶劣的影响。"校园贷"的出现以及后续引发的各种恶劣事件引发了整个社会的思考。

不需要任何担保,也不需要出具任何资料,只需要填好几份表格就能够获得几千元或者几万元的贷款,这对于大多数暂无经济能力的大学生来说无疑是一个极大诱惑。上面故事中的路路便是一个典型例子,而路路的经历可以说是相对好一些的。

某大学学生赵某因为无力偿还近百万元的"校园贷"欠款,最终在暴力催款的威胁之下跳楼自杀。同样是大学生的小林,因为使用"校园贷"贷款3万元,经过了两个月的时间欠款变成了50万元。一石激起千层浪,越来越多恶劣的"校园贷"通过媒体被播报出来,一下子,"校园贷"便成为全社会共同关注的焦点。

"校园贷"在最初之所以会受到大多数大学生的追捧,主要是因为其操作方便、利息低廉,这也让大多数学生产生了"拆东墙补西墙"的思维。正如前面故事中的路路一样,通过低息借款来提前消费,原以为能够通过后期的生活费来填补空缺,但到最后却发现这个窟窿变得越来越大,最终已无力弥补。

其实在最初,"校园贷"的形象是较为正面的。在某些方面,"校园贷"可以帮助那些缺少资金的大学生维持生活,同时也可以帮助那些缺少资金创业的学生进行创业,也能够培养大学生的理财意识。但是在不断发展的过程中,"校园贷"却越走越偏。

看到了庞大的学生市场,越来越多的资本开始注入到"校园贷"之中,这也让"校园贷"成为风靡一时的现象,同时也引发出了越来越多的

第三章
金融与互联网

风波。随着资本的不断注入,越来越多的"校园贷"平台开始出现,而这些平台往往鱼龙混杂。对于缺少社会经验和经济常识的大学生来说,很容易遭到虚假平台的欺骗,从而陷入到高额贷款的骗局之中,最后导致自己债务缠身。

而在另一方面,"暴力催债"现象也成为了"校园贷"走向歧途的一个重要助推力量。一般来说,在催债方面,放贷者应该按照法律规定的程序,对于那些不能及时偿还贷款的借款者向法院发起诉讼。在法院审理之后,再依据法院的规定强制执行,从而追回全部或者部分欠款。

因为依照法律程序进行,所以这种催债方式并不会威胁到借款者的人身安全,当然也不会引发各种各样的社会事件。但实际上,大多数"校园贷"平台往往并不会通过法律途径进行催债,而是采取威胁、骚扰、跟踪甚至是非法拘禁或是更加极端的方式来进行追债。这不仅极大地威胁到了借款者的人身安全,同时也让借款者陷入到更加窘迫的困境之中。

很多时候,"校园贷"平台在向大学生推销贷款业务的同时往往不会真实地告知大学生借款的风险,同时也不会详细解释贷款的利息、违约金和滞纳金的计算方式和实际金额。而大多会以"零利息""低利息"的噱头来对大学生进行诱导,从而让大学生深陷其中。

从市场经济的角度来看,"校园贷"等互联网金融项目的出现是经济发展的一个重要表现。但当"校园贷"被一些不法个人或企业利用之后,就会变成一个牟利的工具,同时也严重影响到了金融秩序的稳定,对社会造成非常恶劣的影响。

2017年6月28日,银监会、教育部和人社部发布了《关于进一步加强校园贷规范管理工作的通知》。通知要求各高校要把校园贷风险防范和综合整治工作作为当前维护学校安全稳定的重大工作来抓,完善工作机制,建

立党委负总责、有关部门各负其责的管控体系，切实担负起教育管理学生的主体责任来。并明确表示，未经银行业监督管理部门批准设立的机构不得进入校园为大学生提供信贷服务。

现在，"校园贷"已经得到了政府部门的有效监管，但对于大学生而言，制定正确的理财计划、合理支配自己的生活开销，才是获得经济自由、远离金融陷阱的根本方法。

比特币本质是什么

最近几年，离我们老百姓最近的、最疯狂的投资产品恐怕非比特币莫属了。有人靠比特币一夜暴富，有人因为比特币倾家荡产，有关于比特币被否定或承认的新闻更是不绝如缕。那么，相信很多读者就要问这样一个问题了——比特币到底值不值钱呢？

笔者这里先把结论告诉大家，无论所谓的专家、媒体怎样吹嘘，无论比特币获得了多少国家的"认可"，无论人们怎么强调它的货币属性，它都只是一个投资物，而且是一个特殊的投资物，一个没有价值而只有投机价值的投资物。

持有比特币的读者不要着急愤怒，对比特币抱有乐观态度的读者也不要着急摇头，先听笔者讲一个小故事。

17世纪三十年代，世界的金融中心还在欧洲，确切地说是在荷兰。当时的荷兰商业发达、投资氛围浓郁。不知道从什么时候开始，荷兰人爱上了郁金香，一开始大家只是出于单纯的喜爱，然而，慢慢地人们发现一些特殊的郁金香很受人追捧。于是，郁金香的价格开始慢慢抬高。

第三章
金融与互联网

看到郁金香有利可图，商人们便开始囤积、炒作，郁金香的价格也因此一路高涨。涨到了什么地步呢？好一点的郁金香可以卖出数百弗罗林（荷兰当时的官方货币Florin），最好的郁金香可以卖到接近1万弗罗林。

我们用当时其他货物的价格做一个对比，当时一头牛的价格是120弗罗林，阿姆斯特丹一栋美丽的房屋不过1万弗罗林。

然而最终如何呢？1637年2月4日，荷兰的郁金香交易所发生郁金香抛售，在一天时间里，郁金香的价格从数以万计到分文不值，无数人因此而倾家荡产。

聪明的读者应该已经意识到了，现在的比特币就是四百年前的郁金香，所不同的是，郁金香还有欣赏的价值，而比特币除了用来投机就真的毫无价值了。

有很多人可能会提出各种各样的反对理由，其中重要的一点就是，比特币是一种新型货币，采用复杂的算法，代表着人类商业的未来。

这一点其实只能糊弄本来就想被糊弄的人，作为旁观者一眼就能看出其中的破绽。

首先应当承认一点，比特币的算法笔者确实没有全弄明白，笔者也相信，大多数投资者也是不明白的，但搞懂比特币并不需要明白它的算法，只需要经济学常识就行了。

经济学的一个常识就是，从人类社会诞生的那一天起，一般等价物就必须以实物形式存在，而当一般等价物过渡到货币形式时，就必然要有一个发行主体，否则就是一文不值。

这句话是什么意思呢？就是在物物交换的情况下，一般等价物必须要有清晰的可衡量的使用价值，比如粮食能吃、酒能喝。而当纸币、铜币作

为一般等价物出现时，必须要有一个强有力的政府作为发行主体为之背书，否则这个货币就不可能被市场所接纳。

美元只有美联储能发行，人民币是人民银行独立发行的，而比特币呢？是每一个投资者用"矿机"挖出来的。没有发行主体，便没有负责的人，说一个极端的情况，美国政府不可能一夜之间宣布美元全部作废，中国政府也不可能宣布人民币一文不值，但比特币却可以，因为它没有背书机构，也没有能够追责的人。

其次，比特币宣称总量只有2100万个，目前已经开采出了1600余万枚。这个说法，在稍微懂一点货币学知识的人看来就是一个笑话。

货币的发行，必须是根据经济总量的需求而不断变化的。如果货币的数量不能随着经济的增加而加大供应量，那么它就不可能成为现代市场上的货币。

举个例子，中国经济的发展需要10万亿元人民币，人民银行却只发行了2万亿元，然后告诉大家，银行不再发行人民币了，这2万亿元就是中国境内货币的总值，那么会出现什么现象呢？就是随着经济总量的变大，人民币将会越来越"值钱"。当经济总量增加到100万亿元人民币的时候，手中有货币的人的财富会翻十倍、手中没有货币的人的财富会缩减到十分之一。

社会财富的分配居然被货币的分配所掌控，这真是天大的笑话！更可笑的是，当这种情况发生时，可以预见的局面是：人人都会努力持有货币，而绝不会将货币兑换出去，因为货币每天都在增值，只有傻子才会把钱花出去。而货币最重要的作用就是流通功能，所以，这样的货币反而无法流通。

如果真像比特币持有者宣传的那样，比特币真的只有2100万枚，而又

第三章
金融与互联网

代表着人类的商业未来，那我们只能说人类的商业看来是没有未来了。

第三，有人说比特币已经获得一些国家的认可，并真的有消费的记录，确认是可以消费的货币。

其实，这一点也很容易解释。在中国蜜蜡热的当下，你拿一块蜜蜡去典当行典当，是否能换出钱来呢？你拿一块蜜蜡去换一箱矿泉水，相信如果售货员懂蜜蜡的话，也会乐于换给你的。在特定的情况下，能作为一般等价物的并不一定就是货币，只要双方对价格有共识，那么任何东西都能够短暂充当一般等价物。

至于获得国家认可，稍微能够看懂英文的读者只要找一找新闻原文看一看就明白了，从没有一个国家真正认可比特币作为货币的价值，大家认可的其实只有它的投资价值或是投资价值，仅此而已。

比特币只是一个被伪装成货币的投资物，现实就是这么简单。不要因为它披上了高科技的外衣，挂上了一个货币的名称就被迷惑，读者要准确地认识到，比特币和郁金香币、蜜蜡币、黄花梨币没有本质上的区别。

那么有人会说，比特币不是让很多人赚了钱吗？这句话是对的，确实有人依靠比特币赚了钱，但他们利用的是比特币的投机属性。

也就是说，如果读者能够预料比特币未来价格还会上涨的话，那么你现在购入一些比特币也依然是可行的。虽然笔者不建议读者们去投资比特币，因为它没有价值，但只要有投机价值能够给你带来可观的收益就可以了。可问题在于，你真的能够预判到比特币未来的价格是涨还是跌吗？

有些人还会说，正是因为听一些人的劝告，没有购买比特币让自己失去了赚钱的大好机会。那么笔者来告诉你一件事，曾经有一个法国画家，他不出名的时候白给人画画别人都不要，画好的画送给人当包装纸人家都嫌乱，而现在呢？他一幅画的价值在1.5亿美元左右。

每个人都要为自己的投资或投机行为负责，再荒唐的骗局也有人能够火中取栗，再稳妥的投资也有可能让人倾家荡产。经济学者的作用只是帮读者揭开笼罩在经济社会上的烟雾，至于烟雾下如何做抉择，这还要读者自己决定。

第四章

收入与消费

存钱为什么会赔钱

美国人喜欢花钱，中国人喜欢存钱。我们中华民族向来是一个喜欢储蓄的民族，美国人虽然富裕，但让一个普通美国人拿出1万美元来他可能真的拿不出，我们中国人虽然简朴，但在遇到急事的时候，大多数人家拿10万元人民币出来还是不成问题的。

我们中国人喜欢储蓄有历史的原因，也有社会的原因，我们要探讨的并不是这方面问题，在这里我们要探讨的是储蓄到底好还是不好。

其实，无论是对于个人还是对于整个经济体而言，储蓄都很难说得上是一个良好的选择。

这句话想理解起来并不难。读者可以试着回想一下，在十年前，手里有10万元人民币,那时的你可以说自己有钱。但这笔钱多年间你既没有用于投资也没有消费,而是一直存在银行。就这样十年时间过去了,你想起来银行里你有一笔钱。待取出的时候,你会发现,这10万元人民币在数年之间就涨了1万元利息。十年前的10万块钱和如今的10万块钱区别到底有多大,相信大家都有感触吧,如今物价的高涨大家也是有目共睹。看到这里,相信很多读者都能体会到储蓄的副作用了。

物价上涨,随之而来的是钱越来越不值钱。百姓存在银行的那些辛苦钱,也随时随地面临着缩水的危险。大家听说过经济学领域的负利率概念吗?用这个词来解释人民币缩水的现象再合适不过了。什么是负利率呢?是指通货膨胀率高过银行存款利率。在负利率大行其道的情况下,把钱放在银行里,就好比把羊毛放在水里,不缩才怪!

现在给大家算一笔账:某一年的3个月定期存款率是2.85%,结果该年的月CPI为5.4%。假设你在这一年初存入1万元的3个月定期,存款到期后,你将获得:银行利息=10000×2.85%=285/4=71;通货膨胀率=10000×5.4%=540/4=135。71-135=-64(值为负值,即为负利率)。

什么意思呢?就是说你把这1万块钱放到银行3个月,看上去增加了71元,但如果把通货膨胀的因素考虑进来,那么这笔钱实际上是减少了64元。这样算下来,你的钱放在银行里不仅没得到利息,反而还亏本了。

这件事情简直越想越恐怖,辛辛苦苦一辈子的钱都存在银行了,多年后取出来却发现这些钱连自己一个月的花销都不够!在让人心寒的同时,我们也要痛定思痛寻找解决的办法,不然真就成了刀俎上的鱼肉,只能任人宰割。

除非你有足够好的心态,认为房价上涨是为了让我们好好工作、油价上涨是为了让我们好好节约、肉价上涨是为了让我们好好减肥、蔬菜上涨

第四章
收入与消费

是为了让我们低碳生活、墓地上涨是为了让我们好好活着、工资不涨是为了我们努力奋斗。

靠着自我催眠与调侃是解决不了任何问题的。现在的问题其实很简单，熟知经济学理论的话就可以迎刃而解了。

读到这里，恐怕很多人忍不住要问了：不存钱的话我们能做什么，拿去投资吗，哪些投资靠谱呢？

要解决这一问题就要先搞清楚，我们到底还要不要存钱。多年前的关于中国和美国老太的对话一直都深入人心、发人深省。美国老太贷款买了套房，30年后，不仅还完了所有贷款，房子还涨了价。而中国老太太呢，攒了一辈子钱，却依然没追上房价上涨的脚步，最后还是住不起房。为什么中美两国人民的观念差别这么大呢？如果到老都住不上一套属于自己的房子，那么我们存钱还有什么用？

为了进一步吸储，各大银行不断上调存款利率。透过这种做法，国家希望达到控制消费、抑制物价上涨的目的，属于紧缩的货币政策。那么，回归到正题，我们到底要不要存钱呢？其实适当的存款还是很有必要的，但不要把自己的钱都存在银行里。

那么，不存钱我们能干什么呢？说到最好的理财方式，专家的回答惊人地一致：投资。什么是投资？所谓投资指的是用某种有价值的资产，其中包括资金、人力、知识产权等投入到某个企业、项目或经济活动中，以获取经济回报的商业行为或过程。投资分为实物投资、资本投资和证券投资。

到底该选择哪种投资方式呢？我们首先应搞清楚它们的实质。前者是以货币投入企业，通过生产经营活动取得一定的利润。而后者则是以货币购买企业发行的股票和公司债券，间接参与企业的利润分配。

有一个笑话。崇拜巴菲特的人不在少数，但有这么一个人，想要复制巴菲特的成功，于是三年前就开始模仿他。巴菲特喜欢喝百事可乐，于是，他便一日三餐都喝可乐。巴菲特崇尚简单的生活，他也坚持阅读金融时报，选股票还注重基本面重仓长期持有。

很多人都好奇，这个人最后怎么样了，到底成为下一个巴菲特了没有？只见他悻悻地说道："现在，我除了投资亏损了一半外，其他都跟巴菲特别无二致了。"

笔者认为，巴菲特之所以能成为"股神"，并不仅仅是因为他特殊的生活习惯，而是理财的高超技巧和超前意识。世界上只有一个巴菲特，如果人人都是巴菲特，那么，他所缔造的神话也就不会发生了。

关于投资，我们要找到适合自己的方式。买股票、债券，必须要在大行情良好的情况下才能进行，还要在专业人士的指导下，千万不可贸然行事。做点小生意，对于百姓来说是比较靠谱的，不仅可以培养商业才能，还能有一笔工资以外的收入。不过，既然是投资就都是有风险的，不要盲目，在投资之前要先做好市场调研。

人民币升值不是好事

最近，听说人民币连续走强，对美元"10连值"，不少人都为之欢欣鼓舞。

"人民币升值，说明我们有钱了，老美不行了！"有些人这么说道，但这纯属无稽之谈。

"人民币升值，意味着我们更有钱了！"有些人这样说道，但这也无从说起。

"人民币升值是好事，会增强我们的国际竞争力！"有些人这样说道，这句话似乎有些正确的地方，但具体到不同的领域可能还有待商榷。

| 第四章 |
收入与消费

对于国人来说，人民币升值首先不能算是大坏事，可以为了手中的钱变得更值钱了而高兴、未来人民币在国际货币体系中的地位提高而高兴。而在一件件"大好事"的背后，真的就没有其他弊端了吗？要知道，对于人民币升值，有人是欣喜若狂，但也有人忧心忡忡，其中就包括很多经济学者。

邻居刘妈在取钱的时候无意间听说人民币升值这个大好事，赶紧看了看银行的汇率牌，上面显示美元对人民币的汇率已经下降为6.2。这事要放在多年前，我们想要兑换1000美金，就要花掉8000多元钱人民币。而才不过数年光景，人民币就升了这么多，让人怎么能不高兴呢！

刘妈一看人民币升值了这么多，想着以后的生活会越来越富裕，不由得喜从中来，打算今天奢侈一把，将前一阵逛超市时想吃的进口水果买回家。她来到超市的水果摊位前，仔细查看价格。明明还笑着的刘妈看了价签后无论如何也笑不出来了，明明一个月前还60多元一个的进口榴莲，如今已经涨到了80多元。当时就是因为贵没有买，现在一看这价格，是一点吃的想法都没有了。

眼前的一幕让刘妈想不明白了，她虽然不精通经济学，但这是常识问题呀。人民币升值不应该是利国利民的好事吗？百姓拿着手中的钱可以买到比以往更多的东西，怎么实际情况却恰恰相反了呢？想到这里，刘妈心中的喜悄悄退去，一时间悲从中来。

到底人民币升值和水果涨价之间有什么关系呢？我相信不仅刘妈不明白，很多人也没搞清楚吧。

人民币的国际汇率虽然每年都呈现出递涨的趋势，但在国内却越来越不值钱，大家难道不觉得这件事情很奇怪吗？这件事表面上看不太合理，不过要是用经济学的理论来分析就能解释得通了，二者也并不矛盾。

人民币升值是什么意思呢？其实，这指的是人民币购买其他货币的能力较之以往有所增强，但这并不意味着人民币在国内的购买力得到了提升。不过，如果放眼世界，如果你拿着人民币出国旅游，打算换取该国的货币，确实可以用更少的钱来享受到更多的消费品。

不过，从长远来看，人民币升值其实意味着中国产品的成本变得更高，如果该情况一直持续下去还会影响到中国经济的健康发展。长此以往，就算人民币再值钱，脆弱的国内经济还是要遭受沉重的打击。

周世俭教授认为，任何一个国家的货币升值都是有利有弊，利在有利于大家出国旅游、有利于孩子出国留学、有利于到外国去买东西、有利于进口。曾经一度满世界都是日本游客，甚至有媒体惊呼日本在"购买"美国，但在日元大幅升值的情况下，却挫伤了日本的出口，日本开始出现股市泡沫、房地产泡沫，最后日本泡沫经济破灭，日本资金以巨亏的代价整体从美国撤回，最终是日本在这场"货币战争"中打了败仗。

对此，我们可以回想一下二战后的日本。那时，日本急于将日元升值，出发点是想发展经济，不料，此举却让日本在对外贸易中承受了惨重的损失。

经历过战火摧残的日本，为了用最快的速度恢复本国经济，企图通过本国货币超低固定汇率的方式推动本国产品的出口。就这样，日本商品物美价廉的名号迅速在世界范围内打响，大家纷纷来购买日本的产品。

日本的产品从那时起就独霸于世界市场，成了名符其实的抢手货。那时候，你要是身上不带着一两件日本的产品，简直要被同伴嘲笑OUT了。

凭借着这些廉价商品，日本的经济迅速崛起，一跃成为世界经济第二大国。日本的崛起，对于美国来说无疑是一种威胁。为了守住自己的经济霸主地位，美国再也不能置之不理。

美国迫使日本实行浮动汇率，强制升值日元。就这样，从1971年12

第四章
收入与消费

月到1995年4月,日元从最便宜时期的300日元兑1美元狂升到79日元兑1美元。机关算尽的日本在货币上吃到了甜头,也吃尽了苦头。

一口气吃个胖子,这事看来只有发生在童话故事里才具可信度。就像是日本,原本想一步登天,却没成想胖子没吃成,就把自己撑了个半死,而本国人民却还要挨饿。美国逼迫日元涨价的行为,在外行看了没什么特别,但其实对日本经济构成了致命性打击。

在日元大幅度升值的情况下,日本开始出现股市泡沫、房地产泡沫。后来泡沫破灭,日本不得不以巨亏的代价从美国市场撤回,在这场货币战争中以失败告终。

货币汇率政策是一个国家主权的体现。因此,只有保持一个适当的步伐和节奏才能稳固住国之根本。说完了日本,再来说说中国。

最近一段时间的人民币升值,其原因无非是来自于外界特别是美国政府的压力。美国金融危机爆发,危机直指中国。美国政府不断向中国政府施压,要求人民币通过不断升值的方式来缓解美国因经济危机对本国造成的冲击。

不明白的人还以为美国是为了感谢中国对其施以援手才帮助人民币升值的,其实不然,这关系到中美之间贸易逆差的问题——人民币升值,中美之间的贸易逆差也就随之消失了。

因此,我们应该客观谨慎地看待人民币的升值问题,要清醒地透过该现象探究其本质。如何在人民币升值的浪潮中权衡利弊、学会取胜才是我们需要思考的问题。切记,千万不要被外界的呼声扰乱了心智,从而做出有失理智的选择来。

消费主义的是与非

网上流行着这样一句话：70后爱攒钱，80后爱赚钱，90后爱花钱。中国经济高速发展三十年，正好是这三代人分别步入社会的三十年，在这三十年里，这三代人在经济层面表现出了三种截然不同的状态，人们也因此得出了一个结论：消费主义在中国正悄然崛起。

消费主义这个词语我们并不陌生，它代表着一种崇尚物质和精神享受的生活态度。对于经济来说，适度的消费主义是十分有必要的，甚至有人讲欧美国家近百年的经济大发展要直接归功于消费主义的盛行。由此我们想到，在中国经济高速发展急需拉动内需的今天，消费主义似乎是一个值得提倡的风潮，然而事实并非如此。

2017年8月，北京某区法院审理了一件恶意透支信用卡的案件。在这次案件中，被告是一名27岁的女大学毕业生林某。

自2014年毕业之后，林某一直在北京的一家企业里上班，她在入职3个月的时候在北京某银行办理了一张信用卡，此后又先后在其他6家银行办理了信用卡。

林某是一个典型的拜金女，平日里在企业里也是穿着名牌，名牌包包更是整天换着背，此前公司里的同事还以为她是傍上了什么大款或是富二代之类，但是谁都没有想到，一直以来林某都是在透支银行的钱来消费的。

为了维持平日里习以为常的高消费水平，林某在北京就职的几年时间里不断透支信用卡，最后在遭遇银行催款的时候，竟然用拆东墙补西墙的办法透支了这家银行的钱补上那家银行的空缺。直到2017年6月初，北京的一家银行在多次向林某催款却遭到躲避的情况下，出于无奈才不得已设

第四章

收入与消费

法找到了她远在老家的父母。

在林某父母的配合下,这家银行终于找到了一直都没有露面的林某本人。面对千里迢迢追债到自己老家的银行工作人员,林某并没有否认自己恶意透支的事情,可是即使承认了又如何,她当即表示,自己欠银行的钱早已经不是一两万的事情了,事到如今她也没钱可还了。

最后,林某只得跟着银行的工作人员去了当地的派出所。在派出所里,林某据实交代了自己在其他银行恶意透支的事情。经查证,截止到案发前,林某先后在多家银行办理了9张信用卡,总共透支金额高达11万元。

提到消费主义,人们很容易就会联想到超前消费、分期付款、信用卡借还贷等等。从金融学的角度讲,消费主义提倡的是以消费来加速资金的融通、提升资金的使用效率,从而让社会经济更高速地运转。通俗一点说就是,钱花得越快,钱赚得就越容易。

金融体系是经济系统的一环,如果整个经济体系是良性的,那么金融这一环做得很好,当然意味着整个经济体系可以更加快速地运转。所以,从大的经济体系的角度讲,消费主义是有很多可取之处的。

首先,从个人角度出发,提倡消费主义让人过上更好的物质生活,帮助个人购买到超出目前购买能力的消费品改善生活质量,这可以从根源上激发一个人奋发向上的事业心。

其次,就我国目前的经济背景和消费市场而言,消费结构还存在着一定的断层,由于商品的消费结构尚未完全成熟,因此就出现了买方市场对商品需求的严重不足,于是国家对超前消费的鼓励和引导就呼之而出。因为消费主义不仅可以带动新的消费热点、扩大市场的需求力,使消费结构更加合理,还可以增加资本的利用率,反过来促进生产的增长。

最后,超前消费是促进国民经济快速发展的手段之一。譬如,国家发行国债、国民购买国债，这些不仅是消费主义的表现，也是促进本国经济发展的表现。由此可见，消费主义还是值得提倡的。

然而，消费主义也存在一些致命问题，其一就是像林某的案例那样容易导致过度超前消费。

从金融的角度来看，消费主义实际上就是使用了一些消费杠杆，用未来消费撬动当前的金融活动，消费带动生产，生产带动投资，投资带动经济发展，经济发展促进就业，就业促进收入，收入再进一步弥补上超前消费所导致的金融缺口。

然而，如果消费过度导致未来的收入无法弥补，那么就会像林某那样陷入到严重的负债中而无法自拔。这还仅仅是从个人的角度讲，而从整个社会经济层面来看，过度的超前消费会让整个经济体系极为脆弱，经不起任何风浪，因为这个经济链条一旦有一环出现问题，紧接着而来的就是整个经济体系的崩塌。

我们中国老百姓当前还面临着一个重要的问题，那就是社会保障效率并不高，我们无法将个人的全部保障寄托于社会和政府身上，个人还是要留存一些金融储备以备不时之需的。

以养老为例，养老金发放在最近十年都是很让政府头疼的大问题，这个问题直到今天仍然没有很好的解决方法。

我们可以假设，在未来的某一天，真的到了养老不能靠政府的时候，个人的金融储备又因为消费主义而被掏空了，那么，等待我们的将会是一幅怎样的画面呢？

所以，从生活金融学的角度讲，消费主义是亦神亦魔存在着的，利用好了它就是造福于民的神，利用不好它就是祸国殃民的魔。要想通过超前消费主义来拉动经济的增长，同时又保证自己不会被其所吞噬，我们就要

第四章
收入与消费

懂得在提倡消费主义的过程中采用一个适度原则,要知道,凡事都是物极必反的,适度是最重要的。

你的收入为什么那么"低"

很多身处职场中的朋友都抱怨过自己的工资低,每一个人都认为,和自己的付出比起来,那点可怜的薪水简直是微不足道的。

然而,不知道有多少人考虑过,自己的收入为什么会这样低?难道真的是每个老板都瞎了眼,看不到你的价值所在吗?其实并不是。从经济学的角度讲,所有人的"工资低"都是有原因的,在分析这个问题之前,我们先要从经济学角度分析一下,个人的工资到底是由什么来决定的?

决定因素一:你为老板创造利润的能力。

有些人说,工资是由价值决定的,这其实是一句很扯淡的话,价值是看不到、摸不着的东西,而且这个社会的打工者几乎没有看低自己价值的,你说你值一千万,还有人说自己值一个亿呢!所以,在职场上千万别提自己的价值,而只看你为老板创造利润的能力。

所谓的利润也很简单,就是收入减去支出,也就是你为老板创造的收入减去你的工资和其他成本。

某企业要就一些岗位进行面试,在面试的时候,有些人提出了这样一个要求:工资不能低于 8000 元。在当今的社会,可以说月薪 8000 元并不算高。然而,企业的面试人员还是对面试者这样的要求感觉不舒服,于是便提出了一个反问:公司打算给你 2 万的月薪,但你得保证每个月给公司创造 3 万的收益。结果可想而知,没有一个人敢给出肯定的答复。

其实工资的道理就是这么简单,如果你一个月只能为你的老板创造

3000元的收入,那么他给你开2000元的工资已经算是圣人了,毕竟他还要为你支付各种各样的其他成本。但如果你一个月能为你的老板创造1万元的收入,那么他至少会愿意给你开4000元工资,除去各种成本,他至少还能从你身上获得几千元的利润。

有些人可能会说:"如果我能创造1万元的收入,那我还找你干吗?我还不如把这1万元装进自己兜里呢。"话是没错,但别忘了,你赚钱的平台是老板提供的,没有这个平台,你是无法将工作变现为收入的。

而如果你能自己创造平台获得1万元的收入,那么你还打工做什么呢?现实是,很多人仅仅能够为老板创造略高于自己工资的收入,却还妄想着获得更高的工资,你觉得老板会自己倒贴钱给你发工资吗?如果换做是你,你会这么做吗?

决定因素二:你的不可替代性。

有一些人,明明创造不出什么利润,却还能拿到令人羡慕的工资,这主要是因为第二个因素,那就是他本人是不可替代的。

某国企去年搞薪酬改革,一位一线负责的管理者说:"这活儿没法干了,都是关系户,什么也不干还要那么多钱,怎么改啊?"

事实就是如此,不仅仅是国企,在很多企业里都有一类员工,他们会拿很多的钱,却很少做事,或者干脆不做事,这是什么原因呢?

原因是他们和公司有着这样那样的关系。比如说这家国企的员工,很多都是托人进来的,跟当地分公司的总经理等人多多少少有点七拐八拐的关系。这些基层员工没有为公司创造任何利润,他们的工作是谁都能做的,但即便如此,他们还是领着高于地市普通人收入数倍的工资待遇,其原因就是,他们与那些总经理、书记之间的关系决定了他们是不可替代的。

不可替代性决定了这些人的工资,并且因为不可替代的重要程度不同,

第四章
收入与消费

决定了他们工资的差异甚至是前途的差异。

举个例子,某市分公司书记的侄女可能被分配到最好的岗位、拿最高的工资,而副经理的妹妹的朋友的表姐的儿子则可能被分配到较差的岗位、拿一般的工资。在关系横行的二三线城市,这种情况是非常普遍的,甚至在一些私企中也能看到,为了套关系而安插进一些关系户进入公司,这些人的收入就与他的实际工作没有任何关系了,而只跟他的不可替代性有关系。

那是不是说这种不可替代性只属于少部分有关系的人呢?其实也不是。如果你在某些方面有特殊的才能,或者你的才能刚好是别人所需要的并且是市场上稀缺的,那么你就同样具有不可替代性,你也就有了议价的空间。

在某三线城市,有一位水平很高的造型师,她经常会接一些婚礼活动,给婚庆公司的报价是5000元一天,从早上到中午,只服务新娘。

一般来说,婚庆公司是不会用这位造型师的,他们喜欢用那些300元、500元的小化妆师。但遇到了比较挑剔的大客户,他们就不能不找这位造型师了,因为很多客户只有她能应付得来。

因为他们寻找不到能够替代这位造型师同时又比她价格低的造型师,从这个角度讲,这位造型师就是不可替代的,所以她的酬劳就要由她来决定,而不是婚庆公司。当然,她也不可能漫天要价,而是要在一个合理的空间之内争取到最大的酬劳。

如果你发现你对于老板来说具有不可替代性的话,那么,你可以忽略掉第一个因素而寻求一个较高的工资。但需要指出的是,首先,这种不可替代性并不意味着可以漫天要价;其次,很多人喜欢高估自己的不可替代性,而其实你可能远没那么重要。

决定因素三:你获得信息的能力。

在互联网时代,很难想象人与人之间还会出现信息不对称,但事实就是这么令人遗憾,信息不对称在广大的二三线城市已经成为限制大多数人收入的重要障碍了。

为了扩大经营,某人在一个沿海的三线城市招兼职。有一次,他遇到一个很有能力的兼职对他说:"老师,我之前做过比您这个工作难数倍的工作,报酬反而还没您给我的多。"

这是什么原因造成的呢?原来,这位求职者从来没有注意过所在行业的相关动向,自然也就和赚钱的机会错过了很久。

情况就是这样,因为获取不到正确的信息,很多人与增加收入的机会擦肩而过。而如果每个人都能够对所在的行业能够多一些了解,多搜集一些关于这个行业的信息的话,那么至少能够在一定程度上增加自己的收入。

经济中一个重要的课题就是让资源得到最优的配置,对于个人来说,你的工作能力是你的资源,而如何能够拥有最优的配置,就需要你掌握更多关于自己所在领域的信息了,应尽量匹配到能力范围内最高收入的工作中,而不是在那里一边抱怨自己的低工资,一边想着安安稳稳地在一家企业混一辈子。

你算得上中产阶级吗

如果说我们每个人都富裕了,恐怕很多读者会不以为然,但如果说我们每个人的生活都比以前好了,恐怕就不会有人反对了。没有人能够否认,较之于10年前,我们中国人的生活水平都有了显著提高,也正因为如此,我们才到了全面建成小康社会的关口。

小康社会,这是我们每个中国人的向往。那么,小康社会都有什么标

第四章

收入与消费

准呢?有关于这一点似乎很难给出一个确切的答案,不过,我们可以用一个词来做简要的概述,那就是中产阶级。

中产阶级是一个很"古老"的经济学名词,它指的是人们低层次的"生理需求,安全需求"得到满足,且中等层次的"感情需求和尊重需求"也得到了较好满足,但还不到追求高层次的"自我实现需求"的阶级。

由此可见,所谓的中产阶级是到不了巨富,但也是比较富的人或家庭。那么,我们中国的中产阶级有多少呢?按照不同研究机构的统计,我国中产阶级的人数在1亿到6亿之间不等。前些年,也曾经有权威机构给出过较为清晰的标准,即年收入20万元以上,拥有资产50万元就算是中产阶级了。

如果我们以这个标准来衡量,那么我们中国确实有很多中产阶级,因为年收入20万元虽然达不到,但资产50万元的线却是很容易就能达到的。就目前的中国来讲,二三线城市的一栋房屋也不止这个数。然而,这个数字真的能说明问题吗?恐怕不能。

拥有的资产虽然多,但可用资产却很少,中国人虽然热衷于储蓄,但往往是几代人才能攒够一栋房钱。而且,中国人在社会保障等方面还有所欠缺,导致消费能力与实际拥有的资产不成正比,而这无疑都限制了我们成为中产阶级。

以我们读者为例,相信读者中有不少人年收入能够达到20万元这个数字,可是这些钱里面你能够支配的有多少呢?很多人恐怕连一半都不到。所以,即便说大家是中产阶级,也是被削弱了的中产阶级。

然而,作为一个多年一直稳定快速发展的经济体,我们创造了连续二十多年经济高速增长的奇迹,国家的财富与日俱增,国家的经济实力已迈入世界领先行列。在这样的大背景下,我国的中产阶级该得到长足的发展才对，但为什么改革开放都已经过去了四十年，我国的中产阶级对于总体人口来说仍然很少呢？到底是谁削弱了我们这些中产阶级呢？从经济学的角度，笔者认为有这样几个因素：

第一，物价水平。在我国经济飞速发展的同时，我国物价的同步提升引来了社会各界的吐槽，物价直接关系着人民的生活水平和质量，也是决定一个人能否被划入中产阶级的重要因素之一。

动辄上万的收入其实并不算少，即便是在北京上海这样的大城市，超过这一收入的人群也不多。但考虑到逐渐上涨的物价，每个月还停留在这个阶段的收入就不免有些相形见绌了。在北京随便哪个地铁口的一个煎饼都要至少5元钱，在上海随便一个三四人的饭局都至少要500元，在这样的物价水平中，月收入一万元也就是不用太为吃穿发愁而已。

削弱中产阶级的因素二：房地产泡沫。房地产泡沫对于中国中产阶级的打击是毁灭性的，直接导致了能被划入中产阶级的人口的减少。

近几年来，中国的房地产泡沫十分严重，房价被疯狂抬高。在中国的很多城市中，普通收入人群几十年的工资也未必够买一套房子，而房子又是很多中国人最迫切的需求，因而无数家庭和个人的财富被投入到了房地产市场当中。如果房价一直走高，这些人可能会得到纸面上的光荣、成为名义的中产，但当房地产泡沫破裂之后，这些在房价走高时进入房地产市场的人的财富就会瞬间缩水，因此把这些人算在中产阶级之内其实是不正确的。

削弱中产阶级的因素三：保障体系不完备。中国一直都缺少良好的社会保障体系，这似乎已经成为全社会的共识。因为保障体系的不完备，致使很多中高收入人群缺少起码的安全感和安定能力，这导致了中产阶级的弱化。

前些年就有学者称，原本应该为中产阶级所占人口比重贡献最多的白

第四章
收入与消费

领阶层面临着房贷、教育、医疗方面的担忧，对生活的稳定性缺乏安全感。再加上中国的很多行业都存在收入系统不透明、没有很好的就业保障和社会福利保障等问题，使得中国的大多数白领缺少成为中产的必要条件以及稳定的收入和生活。

削弱中产阶级的因素有四：社会公平尤其是教育公平问题。教育是直接关系到人群素质和人群收入的重要因素，一般来说，受教育程度越高的人群，其收入状况和生活水平也会越高，因而教育的公平性实际上是关乎一个社会是否平衡发展的重要因素。

毋庸置疑，在教育公平性这个问题上，我们中国还有很长的路要走，而因为教育资源分配不均所导致的地域和人群之间的差异也是抑制中产阶级发展的重要因素之一。可以这样说，没有公平的教育，就没有中产阶级平衡发展的土壤。

中产阶级关乎着一个社会的稳定和一个经济体能否长久持续地发展，没有一个强大的中产阶级作为保障，就等于千层大厦没有打好地基，无论对于社会还是对于经济而言都是很危险的事情。

就现阶段来看，我国中产阶级发展壮大的土壤还不算完善，但就是在这样不算完善的土壤当中，我国中产阶级的人数仍在增加，能量也在不断壮大。我们期待有那么一天，我们中国能够孕育出适应中产阶级生长的土壤，让我们的中产阶级成为社会结构中比例最大的一块。

谁才是真正的富人

如果以储蓄来衡量一个人的富裕程度，那么大多数中国人毫无疑问都是很富有的，因为中国人太喜欢存钱了，一个刚刚走入社会两年的青年，只要保有一些中国人的传统美德，都能积攒下一笔可观的财富。

而如果我们反过来以消费来衡量一个人的富裕程度，那么中国人还富有吗？这个问题恐怕就值得思考了。有些人说，中国人现在吃好的、喝好的，大多数人都处于肥胖或肥胖边缘的状态，可见中国人确实是富了。

其实，用饮食来衡量富裕程度是一种既落后又不真实的标准，在经济学界有一项衡量社会总体富裕程度的标准，那就是恩格尔系数。

恩格尔系数指的是食品支出总额占个人消费支出总额的比重，它是由19世纪德国统计学家恩格尔提出。

恩格尔根据统计资料从消费结构的变化中发现了一个规律：当一个家庭的收入开始增加时，这个家庭收入中用来购买食物的支出比例便会下降。而一个家庭的收入越少，这个家庭在总支出之中用来购买食物的支出所占有的比例也就越大。

举个例子：

老A一家三口，靠老A一个人的工资养活，老A前年一年的薪水总共是12万元，其中有6万元用于日常衣食开销、3万元用于子女教育和医疗，剩下3万元攒了下来。

去年，老A家的日常衣食开销花掉了8万元，但老A因为业绩突出而被公司升了职，全年连薪水加奖金一起共发了20万元。

今年，老A所在的行业普遍业务萧条，公司境况也不是很好，老A全年只拿到了8万元，而家里的日常开销也花掉了8万元。

在这个例子中，老A家前年的恩格尔系数是50%，去年的恩格尔系数是40%，而到了今年则是100%。通过这三个数值的对比，老A家的经济状况一目了然。去年好于前年，而今年则是最差的。

第四章
收入与消费

单个家庭的富裕程度可以用恩格尔系数来衡量,整个国家或经济体也是如此。

简单来说,一个国家越穷,这个国家之中每个国民的平均支出中用来购买食物的费用所占比例也就越大。

根据恩格尔系数的大小,联合国对世界各国的生活水平制定了一个划分标准。当一个国家平均家庭恩格尔系数大于60%时为贫穷,50%到60%为温饱,40%到50%为小康,30%到40%为相对富裕,20%到30%是富足,20%以下是极为富裕。

根据上面的标准来划分的话,再核对我国最近几年的恩格尔系数,我们便能够得出一个结论,我国的富裕程度确实越来越高,而且人民基本上已经接近于达到富足标准了。

而从整个世界角度来看,在上世纪90年代时,美国的恩格尔系数便已经达到了16%,其他发达国家如日本、加拿大和欧洲等国也都在20%-30%之间。而大部分发展中国家的恩格尔系数也都分布在40%-50%之间,处于小康状态之中。

那么,恩格尔系数为什么能够反映出人的富裕程度呢?我们需要对这个问题做一个简单的解释。

饮食是人类生存最为基础的需要,无论是"民以食为天",还是"饮食男女,人之大欲焉",都表现出了古人对于饮食的重视。

吃在世界各国的历史上都占据着重要地位,即使是朝代的更迭也没有改变吃在百姓心中的地位,因为对于当时的大多数人来说,无论政权如何变更,无论谁上台当皇帝,自己要解决的首先是吃饭的问题。只有吃饭问题解决了,人们才能够有精力去思考其他的事情。更何况在很多时候,大多数人一生中所思考的就是如何吃饱饭活下去这个重要问题。

而对于一个家庭来说，当其收入越来越高时，可能其所用于饮食方面的支出也会增长，但相比于在其他方面的支出，饮食方面的增长却是有限的。

当一个家庭有足够的收入满足每个人的物质需要之后，他们便会开始追求精神方面的享受。相比于物质享受，精神享受更加难以满足，其所需要付出的成本也是比较高的。作为更高一层次的需求，一个家庭用在这方面的支出必然会超过基础的物质需求。

上面所提到的这几点，便是恩格尔定律之中的几个推论。首先，随着家庭收入的增加，用于购买食品的支出占家庭收入的比重将会下降。其次，随着家庭收入的增加，用于住宅建筑和家务经营的支出占家庭收入的比重会保持大体不变。第三，随着家庭收入的增加，用于其他方面的支出和储蓄占家庭收入的比重将会上升。

随着收入的增加，当一个家庭的食物需求得到满足之后，其消费的重心便会开始转向住房、生活用品和娱乐享受方面。

而恩格尔系数是家庭食物支出金额与总支出金额的比值，所以一个家庭的生活越贫困，其消费收入就会更多地用在食物支出方面，恩格尔系数便会越大。而一个家庭生活越富裕，其所用在其他方面的支出便会越多，恩格尔系数便会越小。家庭是这样，国家也是这样。

熟悉美国的读者一定知道，美国人很多都有自己的人生爱好，大部分人为了爱好能够一掷千金。有些人为了看一场橄榄球超级碗，愿意付出半年的薪水；有些人为了得到游戏中的一把"神器"，不惜拿出三个月的薪水；有些人收藏枪械，一辈子80%的钱都花在了买枪上面……

能够为这些爱好支付如此高昂的代价，究其原因是由于美国人的基本生活开支太低了，太容易被满足了。从这个角度来判断，我们便能够知道，中国和美国在富裕程度上还真的有很大差距。

第四章
收入与消费

恩格尔系数是一个相当简便的系数，然而我们还要考虑的一点是，不同地区或国家之间可能有文化、习俗等方面的差异。譬如在我国，由于消费品价格比价不同、居民生活习惯的差异以及社会经济制度不同所产生的其他因素，所以在运用恩格尔系数来判断富裕程度时需要在比较时进行细致的分析。

以我国的部分地区为例，我们知道珠江三角洲地区的经济发展水平要高于我国北方的大部分地区，富裕程度自然也要高于北方地区。但从恩格尔系数来看，珠江三角洲地区的恩格尔系数却要比北方的大部分地区都高出几个百分点。

这时如果单纯依靠恩格尔系数去判断两个地区的富裕程度，可能就会出现很大的错误了。实际上，之所以会出现这种情况，与当地居民的生活习惯有着很大关系，这也正是我们所说的众多影响恩格尔系数的因素之一。

珠江三角洲地区可以说是中国餐饮文化的一个重要集中地，这里的食物在种类上花样繁多，食品支出同时也占据了消费支出的较大部分。而大部分北方地区由于气候的原因，在饮食上虽然也有自己的文化特征，但同时他们对于服装等其他方面的支出更加注重一些。所以，表现在恩格尔系数上面，才会出现北方地区要比珠江三角洲地区低的情况。

同时，我们还需要注意的是，恩格尔系数所反映的是一种长期趋势，而不是一种绝对的倾向，所以在比较时需要更加客观地进行分析。

二八定律，贫富差距是必然

当我们每个人都在为身边的贫富差距而感到无奈时，当我们每个人都在与身边比自己强的人比较时产生焦虑时，当我们每个人都在调侃那句"让一部分人先富起来"的至理名言时，不知道读者是否想过，贫富差距本来就是经济发展的必然。

1897年，意大利经济学者帕累托发现了一个很奇妙的现象：在经济发展的过程中，大部分财富都流向了少数人，并且还呈现一种比较稳定的态势。

后来，帕累托就总结出了一个事实：财富在人口中的分配是不均匀的，社会上20%的财富人口占有80%的社会财富。后来，人们就习惯了用二八定律来称呼这种不平等关系，而不论这种不平等的关系是不是恰好就是80%和20%。

日常生活中的"二八法则"有很多，譬如人们每天花80%的精力去做20%的工作。这样就很容易理解了，每个人不可能每一时刻的效率都很高，况且我们每天做的事很多都是无关紧要的，也许正如生活中的二八法则所解释的那样，只有百分之二十是重要且有意义的。当然，这只是日常生活中的二八定律的表现。

对于经济生活，二八定律的意义在哪里呢？大量财富流入少量的人手中，这样就引发了收入分配不均的问题。而就目前我们的经济发展状况来看，收入分配不均已经成为经济生活中的一种固有现象。

改革开放40年以来，我国居民的收入水平和生活质量都得到了大幅度提高，即便是最近10年我们每个人也能感受到生活的好转。然而，在经济体制不断深化的过程中，收入分配领域也暴露出了一些问题。

城乡收入分配不均衡、社会成员之间的收入差距持续加大、行业之间的垄断、收入分配秩序不规范、社会保障秩序不完善等等问题随之爆发。收入分配不平等已经成为一个事实，并且在不断冲击着我国经济的发展。

有些经济学家认为，市场经济的"缺位"是造成分配不均的主要原因。对此，美国经济学界的诺贝尔经济学奖得主萨缪尔森的观点却恰好相反，

第四章
收入与消费

他认为,正是市场的"到位"才使得贫富差距越来越大,他的原话是:"市场经济的发展加剧了不公平的问题"。

那么,对于收入分配不均、贫富差距过大的问题,市场经济究竟应占据什么样的角色呢?为了解答这个问题,我们先来理解一下市场的"位置"。

什么是市场经济的"到位"呢?在理论上不同派别各执一端,没有统一的说法。例如,在新古典经济学内部,按照新自由主义的理论,在取消了福利制度和混合经济后,只有实现最自由的市场制度,市场经济才能够"到位",因此就会有"越是自由的市场就会越到位"的说法。

而在新古典经济学保守主义一方则认为,这种"到位"会加剧收入分配的不公平。按照后者的理论,有福利制度和混合经济的市场经济才是"到位"的市场经济。

帕累托说:"造成不平等的基本力量强大到国家干预所不能影响的地步",市场经济的"到位"并不能解决现实生活中的收入分配不公平问题,在萨缪尔森看来,这种收入和财富的不平等是代代相传的。

那么,中国贫富差距的根源在哪儿呢?产生这种现象的原因有很多,经济学界把它分为了三类:发展原因、体制原因和制度原因。

从发展的角度来看,随着经济和社会的进步,必然会出现经济收入增长快慢的问题。也有人认为,中国收入分配差距是先富和后富的关系。甚至还有人直接就说,中国市场经济体制的逐步建立促成了贫富差距的扩大。

譬如,在金融领域市场化的初级阶段,许多人依靠投资金融产品一举跻身于富裕阶层,从一定意义上来讲,谁与市场化过程能够保持同步的关系,谁就有可能率先富裕起来。在他们看来,只要发展市场经济,就可能出现贫富差距扩大的问题。

事实上,市场经济鼓励自由竞争,而自由竞争必然会导致收入上有一

定的差距。在我国，随着市场经济运行机制的建立，确实有一部分人通过承担商业风险而获取了巨额财富。

一位著名经济学家就指出，市场经济本身具有收入差距拉大的天然趋势，这时就需要政府发挥其宏观调控作用，保证市场经济高效率的同时，避免收入分配差距扩大。

当然，这并不是反对市场经济，只是希望在发挥市场经济高效率的同时，政府也能发挥出一定的作用，将收入差距控制在一定幅度内，收入差距自然就会得到一定的控制。

至于制度和体制原因，毋庸讳言，说的就是我国当下较为复杂的经济制度和经济发展体制。然而，就短时间来看，这种制度和体制对于贫富差距缩小是有帮助还是有妨碍似乎还莫衷一是。因此，我们只能够将贫富差距作为一种市场经济发展的必然，而笔者也认为，贫富差距本就是市场经济的必然。

这就像是同样在一个村子里的两兄弟，两人分家时获得的家产一样多，年龄也相差无几，学识也没有分别，此时两兄弟可谓是平等的。然而八代人下来，其中一位的后人成了地主，另一位却成了他家的佃户，这种不均难道是先天的吗，抑或是制度决定的吗？其实都不是，就是市场经济发展的必然。

所以说，与其在这里为贫富不均而感慨，不如正视二八法则，把贫富不均看作是一种必然，通过辛勤工作努力让自己成为富裕的一方。

第五章

社会与保障

庞氏模型与经济骗局

老张是一个小老板,一个人打拼十多年,四十多岁终于有了些积蓄,可以算是小富之家。老张平时喜欢社交,在一次社交场合,老张认识了刘老板。

攀谈之下,老张知道刘老板是做工程生意的,在南美某国做基础设施建设,生意做得很大,年收入达上千万元。

接触一段时间之后,老张发现刘老板的生意并不是自己做的,而是与很多人合伙,大家共同投资、共同获益。基础设施建设动辄几十上百亿,吸引社会投资是理所当然的,这一点老张也明白。后来,老张又了解到刘老板那里的月回报率能达到4%,他顿时便十分心动了。4%的月回报率,100万元一个月就是4万元,一年就是48万,这么高的回报率实在是天上掉

馅饼的好事。就这样,老张向刘老板的工程里投入了200万元人民币,一个月过后,收益果然按时到账。想着自己什么也没做,一个月净收益8万元,老张心花怒放,不但自己追加了200万元,还撺掇亲戚朋友一起投资,总共给项目拉进了960万元投资。

在老张看来,这是一条带领亲戚们共同发财的路,然而一个金融专业毕业的亲戚却提出了疑问。"作为投资人,老张是否亲自到现场了解过工程?老张是否知道这个工程是由谁承包的,又是谁在建设、受益人是谁、出资人是谁、前景如何、公司财务如何?"

对于这些问题,老张是一问三不知。这个亲戚顿时紧张了起来,他告诉老张,他很可能是陷入到了庞氏骗局当中。

果然,没过三个月,项目不再支付老张和亲戚们的收益,此时,老张再找刘老板,刘老板已经被警察带走了,而老张投资的公司也已经被法院查封了。老张获得了几个月的收益,但本金却全部泡汤了。

庞氏金融手段因为著名投机人查尔斯·庞兹而得名,这是一个非常简单但又有效的金融手段,然而,旁氏手段最终几乎100%都成了骗局,因此又被称为庞氏骗局。

庞氏金融手段的模型是:A寻找第一级投资人AA,并承诺给予AA高额回报,以此来吸引投资。然而,A吸收的资金并不能获得如此高的回报,这个时候,他想要支付AA的高额回报只有继续寻找第二级投资人AAA,用AAA的本金来支付AA的回报,依此类推。

这里有一个问题,上面的手段构不构成骗局呢?答案是否定的。如果单纯以这样的金融手段发展下去,投资人的高额收益还在支付,且投资人随时可以取回本金,这就不能称之为骗局。

第五章
社会与保障

那么,为什么庞氏手段最后都毫无例外地成了骗局呢?答案就是它不可持续性。

想要让庞氏手段不破产,它就不能停滞。也就是说,必须要不断有新的投资人加入进来补充现金池,但这是不可能的。

我们都知道,如果用数学表示持续的意思就是从零到正无穷。正无穷的时间,正无穷的宇宙,正无穷的空气和水,然而,世界上绝对没有正无穷的投资者。

地球上的人是有限的,即便人的总数大到60亿,但也是有限的。也就是说,以地球上所有人为投资者,当现有的60亿投资者完全被囊括进去之后,庞氏模型依然会破产。

而且,到目前还没有一个庞氏手段能够囊括进整个地球上的人。那么,可补充的投资人就早晚会有耗尽的一天。

随着投资人总数的增加,整个庞氏金融模型需要支付的利息是呈几何级数增加的。

也就是在第一级,你只需要找到2个人的本金来支付1个人的利息,但到了第十级,你不但需要找到比第九级多一倍的人来支付上一级的利息,还需要同时支付第八级、第七级……

在这种情况下,投资人的人数不但需要增加,而且也需要呈几何倍数增加,而这无疑是不可能的事情。

所以,庞氏金融模型成为骗局是不可避免的,这不在于投资的项目,也不在于投资人有多么强大,而在于这种模型本身就是不可持续的。

那么有人会说,如果我在庞氏骗局一开始形成的时候就加入,是否意味着我能够全身而退呢?答案是否定的。

庞氏骗局何时破产是不一定的,这种不一定意味着随时可能崩盘。地球上虽然有60亿人，但相信不会有人傻到真的认为这60亿人都会来给自己"接盘"。实际上，因为庞氏骗局的非法性，它吸引投资人的能力本身就是特别不稳定的，很可能你今天作为最早介入的投资者进行投资，明天这个骗局就因为没有新的投资人而崩盘了。到时候，你再说什么自己是最初的投资者也是没有用的。

有些人说，我就随随便便参与一段时间，一看不好赶快取回本金可不可以？这也是不行的，道理和上面一样。

首先，你不知道骗局什么时候会破产。

其次，因为庞氏骗局的非法性，它所谓的投资协议或投资合同是不受法律保护的，当你真的想要取回本金时，你面临的很可能是两种情况——

第一种，吸收投资的公司以种种借口拖延，或者以更高的回报诱惑你继续投资，或者干脆耍赖不予兑现。

第二种，整个骗局被政府打掉，现金池不足以支付所有投资人的本金，或者干脆就没有现金池，所有投资人集体吃亏。

因为庞氏骗局非常简单有效，它利用人内心对于财富不劳而获的渴望，趋使人做出错误的判断，进而陷入到金融陷阱当中，所以，八成以上的金融骗局几乎都是庞氏骗局的翻版，只是做局的人如何包装而已。

在这里，笔者提供给读者一个思考的角度。对于各种伪装的庞氏骗局来讲，无论它承诺得有多高，它的本金都是没有保障的。也就是说，当你决定投资的时候，你要想一想，你的本金是100万，它的年回报率是80%，你用100万去投资，一年以后能拿到80万的收益，但本金是不可能拿回来的。

也就是说，你用100万投资一年最终换回了80万。相信即便是再傻的人，也能算出来自己非但没赚钱反而赔了20万，从这个角度去想，你还会

第五章
社会与保障

被庞氏骗局蒙蔽住双眼吗？

为什么讲保险却要先讲庞氏模型呢？这是因为很多人发现，我国保险业的乱象太多了，很多保险看起来真的就和庞氏模型很相似。

商业保险为什么不"保险"

在我们中国，社会对于保险普遍持有恶评，无论是保险公司还是保险人，在普通人心中的印象几乎都是负面的。

有些人说，保险是个好东西，可惜被中国人给玩坏了。有些人说，保险业良莠不齐，有一些不好的业务员是正常的。还有些人说，保险合同很多人都看不懂，自己蠢却怪保险……

无论有怎样的借口，无论有怎样的说法，保险业社会地位之低是毋庸讳言的。而之所以国人给予它如此低的社会地位，原因就在于国人的不信任。一言以蔽之，就是国人认为"商业保险不'保险'"。

不知道有没有读者逛过有关于保险的网络论坛。在这些论坛里，超过90%的帖子都在控诉保险"骗人"。而在跟帖中，除了偶尔可见保险业内人士的反驳之外，更多的是类似的控诉。

从事货物运输的赵先生去年通过一个社区业务员购买了一项运输途中的安全险，结果买过保险8个月，他的汽车在运输途中发生问题，给赵先生造成了5万元损失。

事后，赵先生找到保险公司理赔，却被告知他发生的事故属于意外事故，而他购买的保险并非意外险，所以公司不予理赔。赵先生拿出合同来找保险公司对峙，但对方的答复是合同条款有些解释并非赵先生认为的那样，而是另有解释方法。

类似赵先生的案例在保险业太常见了。我们不排除是业务员从中作梗，推销保险时向赵先生夸口承诺。然而，当一个行业里出现大量类似的问题时，我们就不能将责任只推到个别业务员的素质上面了。那么，我国保险业为什么有如此乱象呢？我们来试着从经济的角度分析一下这个问题。

保险的运作模式其实很简单。以意外险为例，它的运作方式是投保人缴存一定金额的保费，当保单中规定的意外发生时，保险为其分担损失。那么，缴存和分担的比例是怎样的呢？当然不会是一比一，不然傻子也不会投保。

我们来看一个简单的模型：

A有一栋房子价值10万元，他为房子投保1万元，如果房子没事，保险公司不理赔。如果房子毁掉，保险公司为A支付1万元理赔。这毫无疑问是不成立的，因为A还不如把钱存进银行。

成立的模型是，A为房子投保1万元，如果房子毁掉，保险公司理赔8万元，这就合理了。

然而，问题就来了，当初A只支付了1万元保费，而保险公司理赔的却是8万元，那么这多出来的7万元是从哪儿来的呢？

保险公司不是慈善公司，这钱不可能自己掏，那么这钱是谁给的呢？简单来说是两个途径，一个是保费的投资收益，这一点我们后面再讲；另一个是其他投保人的保费。

也就是说，有同样的很多人和A一样投保了房屋险，然而他们的房屋没事，所以他们的钱就被拿来理赔给A了。

那么这也就是说，在不考虑投资可能的收益的前提下，保险公司理赔的数量和理赔的金额是成反比的。

第五章

社会与保障

如果10个人每人投保1万元,保险公司给1个人理赔10万元刚好不赚不赔,如果是2个人理赔,那么保险公司只能给每个人理赔最多5万元,如果合同签订的是理赔6万元,那么保险公司就只能自己贴钱了。

保险公司当然不能自己贴钱进行理赔,不光不能贴钱,我国保险公司的盈利能力都是十分惊人的。那么惊人的利润从何而来?就必须降低理赔率。

当然,我们的模型中无论是10:1的理赔还是5:1的理赔,在现实中都是不可能存在的,现实中保险业的合理理赔率是很低的,基本上只要制度设计合理,是能够保证保险公司有利可图的。

然而要知道,我国保险业追求的是暴利。无论是保险公司还是具体的业务员,他们的收益都远远超过了合理的范围。那么,这些不合理的收益从何而来呢?答案不言自明。

在保险业,一个业务员至少要拿走保单的30%已经不是秘密了。一线业务员拿走这么多,上面还有他的领导,他的领导上面还有领导……所以说,大家拿去购买保险的钱,能够有一半进入保费池就已经很不错了。

在这种情况下,"为了"整个行业的利益,低理赔就是在所难免的了。所以,从大的范围来讲,通过制作各种陷阱条款来降低理赔率,利用各种法律法规漏洞来避免理赔,就成了整个保险业的通病。

在这个通病之下,"个别"业务员的良莠不齐现象就成为普遍现象。顺利理赔、服务到位反而成了特殊的典型,这对于一个行业来说实在是很滑稽。

这就像病人看病支付诊金,医生好好看病是理所应当的,然而一家医院居然把某医生推掉患者的红包作为典型大肆宣扬,这反而能说明这家医院的医生的整体职业道德已经差到了何种地步。

投保人支付保费，保险业务员到位的服务以及公司及时的理赔，这本来是再正常不过的事情，然而我们看到很多保险业内人士拿出证明保险业"优秀"的居然都是这样的例子，这不正好从侧面说明了这个行业存在问题吗？

保险业的问题并不在于一个个素质低下的保险业务员，而在于国内这个行业的设计本身就存在很多问题。从经济的角度讲，这不是一个良性的制度模型，而是一个多方的零和博弈。

投保人丧失的就是保险业获得的，在这个制度下，保险业主动站到了投保人的对立面上，让投保人成了自己的敌人，那么，出现什么坑害投保人的现象也就不足为奇了。

讲到这里，有些读者肯定会发问了：保险业不是还有另一个收益来源吗？如果能够把保费池的资金流转起来，让钱生钱，那么保险公司有钱赚、业务员有工资拿，投保人也能及时得到理赔，何乐而不为呢？

是啊！这么好的事保险公司为什么不去做呢？那么在下一节，就让我们解答一下这个问题吧。

理财保险有多少陷阱

最近几年，理财保险在我国中老年人群当中流行开来，很多手里有点闲钱的中老年人纷纷被这种保险所吸引，拿出自己的积蓄来购买，然而结果如何呢？

家住武汉的赵大爷最近在银行购买了一份理财保险，起因是在去银行存钱的时候遇到了一位自称理财顾问的人，向他推销一个特别"安全"的

第五章
社会与保障

保险，赵大爷被这个人搞得晕头转向，当即把想要存进银行的钱取出来买了他推销的理财保险。

赵大爷购买的理财保险是这样的：连续存5年，每年存2万元，从第6年开始，每年返还赵大爷3000元的收益，然后到第11年，一次性返还赵大爷10万元本金。这其间，如果赵大爷有保险合同内限定的病种，保险公司还将按照合同约定给予赔付。

赵大爷觉得这保险很靠谱，于是想也没想就在合同上签了字。然而，赵大爷的噩梦也就此开始了，因为他自己并不知道，其已经陷入到了一个专为不懂经济的人设置的陷阱当中。

这是一个怎样的陷阱呢？这里笔者来帮大家分析一下。咱们换一个角度，赵大爷连续储蓄等于是向银行里存钱，第一个2万元存了11年，第二个2万元存了10年，第三个2万元存了9年，第四个2万元存了8年，第五个2万元存了7年。

我国金融市场上3年化的定期存款利率是3.5%，赵大爷每3年存取一回。那么赵大爷这笔钱等到11年之后应该是多少钱呢？

第一笔2万元的本利总和是28557.8元，第二笔2万元的本利总和是27706.5元，第三笔2万元的本利总和是26855.2元，第四笔2万元的本利总和是26074元，第五笔2万元的本利总和是25292.8元，也就是说赵大爷如果把这笔钱存进银行，第11年他能取到的总数一共应该是134485.7元。

而这个所谓的理财保险给赵大爷的是什么呢？五年总计15000元的利息，就算将这些利息再进行投资计息，总数仍然是亏损的。也就是说赵大爷投资这份保险，亏损至少在15000元以上。

有人说，理财保险不是还给保障医疗吗？就当赵大爷买了份保险呗。

然而，事情没有那么简单，如果大家真的购买过这类保险就会发现，合同中所谓的病险保障范围虽大，但存在各种各样的隐形条款，想要满足合同种种"稀奇古怪"的规定基本上是不可能的，所以这个保险的用处不是很大。

又有人说，赵大爷就认栽吧，好在15000元也不算太多。但问题还没有结束。

我们把钱存进银行里至少有一个基本的保障，也就是随时能够取出来，哪怕是损失一点利息，至少在我们需要用钱的时候本金是绝对可以取出来的。但是，这种理财保险却不可以。

比如，赵大爷存到第8年的时候，因为有急事要用钱，赵大爷便想把保险提前取出来。然而，保险公司给他的答复却是——不行！如果赵大爷提前取款就等于是违约，赵大爷不但要承担利息的损失，还要支付高额的违约金，具体的违约金说出来让赵大爷吓了一跳，50000万元。

这么一大笔钱，赵大爷怎么肯掏，但无奈事情紧急，赵大爷只好找亲戚朋友四处借钱，好歹是没敢动放在理财保险里的"自己的钱"。

明明是自己的钱，可一旦交给了保险公司便不再属于自己了，这才是这种理财保险真正的陷阱所在。

我们一直在强调一个常识：钱是有时间价值的。因为时间的不同，钱的价值也就不同，而活钱一旦变成了死钱，就等于丧失了时间价值。我们试想一下，如果是十年之前，赵大爷把这笔钱投入到理财保险当中，那么等到十年后的今天他所丧失的就绝不仅仅是15000元了。因为，十年前的10万元在我国的三线城市能够一栋房的首付，而十年后的今天这笔钱则至少缩水了3/4。

把投保人的活钱变成保险公司的活钱，这就是保险公司打的主意。读

第五章
社会与保障

者要明白一个道理，保险公司和银行一样，都是这种利用负债的财团。银行很有钱，他们的钱来自于储户；保险公司也很有钱，他们的钱来自于投保人。

但不同的是，银行的负债具有极大的流动性，也就是随时需要给储户变现，所以银行对待资金是相对谨慎的。而保险公司则不同，保险公司用类似于理财保险中的隐形条款把投保人的钱锁死，一笔钱少则数年，多则十数年、数十年，这笔负债就成了"固定"资产，在进行投资的时候就方便多了。

既然有这样的便利，保险公司应该更好赚钱才对。而问题的关键其实就在这里，保险公司如果把自己和投保人看作是利益共同体，运用好投保人的资金进行投资，从而让双方获利，这便是正常的营运模式，世界上几乎所有成功的保险公司几乎都是这样做的。

然而，还有大量的保险公司不这样做。因为来自于投保人的钱赚得太容易了，再加上过长的负债周期，让很多恶劣的保险公司疏忽了资金管理的谨慎，肆意大胆妄为。

投资市场的收益是与风险伴随的，所以，银行业进行投资都非常谨慎，尽量只投资那些风险系数较小的项目，哪怕因此而影响收益。相对而言，很多保险公司却敢在投资市场上"乘风破浪"，因而我们能够看到的重大投资失败也多以保险公司为主。

再加上保险公司为了吸收资金，往往给予一线营业员超常丰厚的回报，这种回报都会成为公司的收益负担，公司只有想尽办法提高收益才能应对巨额的运营成本。这又导致了保险公司必然会寻求高回报的投资项目，进而给自己挂上无数高风险的"定时炸弹"。

所以，我们很多的保险公司不是不知道依靠投资收益让公司、业务员和投保人三方获益，而是因为人为的浪费和失误让保险公司必须去投资高回报的项目。

而如果这些项目一个接一个出现问题，那么保险公司就需要更大的资金池来维持这种运营模式，进而需要一线业务员采取各种方式"拉保单""降低赔付率"，就需要更高的资金回报……长此以往，便形成了恶性循环。

所以，我们从理财保险这个切入点来观察整个保险行业就可以得出一个结论，保险业不是没有正常的发展模型，不是没有成功的范例，不是没有让三方都获益的制度，只是因为我们有些保险公司和业务员太过急功近利，从一开始就走上了一条错误的道路，从而让整个行业都变了性质。

笔者不是要抨击整个保险行业，也不是要为某个业务员或保险公司开脱，只是从经济学的角度来分析保险这个行业为什么有种种乱象，而至于某个具体的险种该不该买、具体某个保险公司该不该获得我们的信任，还需要读者自己根据实际情况独立思考再做决定。

社会养老金撑不撑得住

最近几年，有一则新闻持续引起全社会的关注，每隔一段时间便会发酵，进而影响到很多人的生活，这则新闻就是有关于养老金是否能够足额发放的问题。

为什么这则新闻会引起社会的广泛关注呢？那是因为每个人都有老的那一天，想要老有所依，一方面需要年轻时进行财富的积累，另一方面则有赖于国家的养老金政策。曾经一度我们国家有过这样的政策标语：国家来养老。而所谓的国家养老，指的就是国家发放养老金给适龄的老年人。

第五章
社会与保障

而现在，养老金可能无法足额发放，那就意味着让很多老年人的未来充满了不确定性，因此，这个问题获得社会广泛关注就是情理之中的了。

那么，我国养老金真的是没有办法足额发放了吗？我国养老金政策到底出了什么问题呢？下面，就让我们一起来看看这个问题。

首先，养老金在我国是一个怎样的存在？

尊老敬老是我们民族的传统美德，然而从古至今，对于老年人的尊敬似乎只存在于道德层面，从来没有在法律或行政层面给老年人以制度性的保障，这种状况一直持续到了上个世纪90年代。90年代初期，因为改革开放、经济搞活，我国打开国门对外接轨，学习了不少国外的经济制度，其中社会养老金就是一项。

那么，在没有社会养老金之前我国老年人靠什么呢？政府公务员、国企职工依靠的是退休金，而其余的老年人则要依靠子女。

换句话说，社会养老金在我国是一个存在非常短暂的新生事物，到现在也不过才30年而已。30年时间还不足以让全社会层面都能完全理解养老金的概念，很多人对于养老金都没有概念，有些人对于养老金的概念还停留在退休金层面……

其次，养老金在我国是怎样运作的？

在有养老金之前，子女赡养老人的钱靠自己赚，国企的退休金靠企业利润和政府拨给，公务员的退休金则来自于税收。而现在，几乎所有的老人都被纳入到社会养老金体系下，那么钱从哪儿来呢？答案是：一部分来自于个人缴纳，一部分来自于企业缴纳，一部分来自于国家财政。

以我们现在最常见的企业养老保险为例，国家规定，个人就职于私营企业必须由双方缴纳养老保险，数值是：个人缴纳个人薪资的8%、企业缴纳个人薪资的20%。也就是说月薪5000元的企业职工，个人每个月缴纳

400元养老金，企业缴纳1000元，这1400元存入社会保险池中，等个人到了退休年龄之后按月发放。

相信很多人已经糊涂了：这不就是相当于存钱吗？确实是如此，我国养老金的运作方式就等于是个人缴存一定额度给国家，等到了退休年龄国家再按一定比例足额发放。既然如此就有问题了，个人存钱和个人取钱都是个人行为，那么为什么一定也缴纳给国家呢？难道我们现在自己存，到老了自己取不也一样吗？当然不一样了！

养老金除了个人缴纳和企业缴纳的部分外，还有国家财政支持的部分。而且，国家对养老金进行统一规划，可以避免如通货膨胀、个人经济状况突发变动等情况，是全社会层面的统一调配、统一规划。国家可以在这个过程中，保障大多数人的利益。

举几个例子：

某人年轻的时候很能赚钱，也知道要攒钱养老，但一次重大投资却让他丧失了全部身家，已经年过半百的他银行里没有一分钱，也没了固定资产，可以说是完全老无所养了。

某人年轻的时候工作很不稳定，有一天没一天，日常生活过得很紧张，到了快五十了，公司突然倒闭，他领了一笔微不足道的赔偿金，却不知道下一步该做些什么。

……

如果是个人负责养老，那么像上面这样的例子就必然是"老无所养"，而国家养老金制度却可以帮助他们在晚年至少有一个最低生活的保障。

所以说，就养老金的运作而言，虽然简单，虽然看似"多此一举"，但却是现代社会所必需的一种制度。那么，这个制度在我国又出现了什么

第五章
社会与保障

问题呢？

读者可以想这样一个问题：是先有养老金制度还是先有退休老人呢？毫无疑问，是先有退休老人的。

那么，从社会养老金诞生的那一天起，一些退休老人就已经开始领养老金了。然而，他们却是从来没有缴纳过养老金的。这第一批人虽然不多，但他们领走的钱也是钱，这笔钱从何而来呢？就是从那时缴纳的养老金中出。

也就是说，养老金制度有一个时间问题：当下老人领的养老金，实际上是当下年轻人存的钱，而等年轻人老了之后，他们领的养老金又是那个时候的年轻人存的钱。

这个模型本身并没有太大的漏洞，但却有一个前提——年轻人的总数和老年人的总数不能差距过大。换句话说，每年缴存的养老金和领取的养老金不能差距过大。然而，最大的问题也就在这里。

由于众所周知的原因，我国年轻人的数量是一代代在减少的，而老年人的数量至少在未来30年里是一代代增加的。再加上现在人均寿命不断增加，可以预料到的一个现象是：未来的养老金将会是越来越少的年轻人缴存供越来越多的老年人支取，而等到他们老了的时候缴存的年轻人则会更少。这样下去，养老金的余额肯定是不够的。不够怎么办呢？按计划应该是国家给予财政支持。然而，问题又来了。

我们都知道，公务员是不缴纳养老金的，他们的养老金也不用从社会养老金池中出，而是由国家财政统一划拨。然而，国家财政有没有能力供养越来越多的退休公务员呢？可以这样说，供养没问题，养好有难度。

一直以来，我国公务员的养老制度都很受人羡慕，也很受人非议，原因是他们的养老制度相对于普通人实在是太优厚了。公务员并不创造财富，他们优厚的养老金（或退休金）都来自于国家税收。

在国家税收持续增加的情况下，公务员的待遇自然能够有所保障。然而，没有人敢保证国家税收的增加速度能够永远与公务员的退休金需求持平，如果在未来国家税收不足以支撑公务员的养老计划了，那么政策该怎么办呢？

我国政府曾试图进行公务员养老社会化的尝试，然而问题又出来了，按照公务员的缴存和支取比例来算的话，那么让公务员和普通人养老金并轨反而成了对普通人养老金的一次"掠夺"。

也就是说，公务员的养老计划反而要挪用普通人的养老金。在未来可能出现时间悖论的情况下，社会个人养老金池本来还想着让政府财政补贴，结果反而可能是被财政拿去补贴给公务员。这样的未来，听起来就让人觉得不靠谱。

即便这样的未来不会出现，但至少从某种程度来讲，让财政补贴社会养老金似乎是不太现实的。到这里，问题就一目了然了。我国养老金最严重的问题就是，养老金的缴存远远赶不上支出，而且在可预见的未来这种差距有可能会无限加大。

在这种情况下，养老金制度似乎就成了一种社会性的投资陷阱。这个"陷阱"该如何解决，还能不能解决？至少从现在来看，制度的设计者还在苦苦寻找答案的路上。

未来的中国，信用将成为你的保障

未来的中国将会发展成为一个信用社会，对于这一点，相信没有读者会反对。有人说，信用是"现代市场经济的生命"，这种说法一点都不为

第五章
社会与保障

过。就如今来看,信用已经跳出道德范畴而演变成为经济领域的通行证。

随着科学技术的进步和发展,个人信用的地位也越来越突出。这种地位不仅仅表现在人们的日常生活中,还表现在经济往来中。

社会越发达,个人信用就越重要。毕竟,在发达的社会中,用到个人信用的地方是比较多的。譬如,如今的人们对许多电子化交易使用比较频繁,网上购物、网上转账和网上缴费等等已经屡见不鲜。而这一切活动的前提便是对方有良好的个人信用记录。试想一下,假如对方是一位个人信用不可靠的人,那么我们是绝对不会通过网络在对方的店铺中购买东西的。

现如今,网购之所以这么受人青睐,最主要的一个原因就是在个人信用方面有一定的保证。譬如淘宝商城,如果没有支付宝的话,那么它的用户一定不会像现在这么多。支付宝在商家与买家之间充当起了第三方监控平台的角色,一旦出现信用问题,第三方平台就会在一定程度上挽救双方的损失。支付宝出现之后,信用问题得到了一定程度的解决。

在买家和卖家交易的过程中,支付宝充当了中介角色,如果买家看中了一件商品,可以先将钱打到支付宝,等收到商品觉得满意之后再确认收货,如此一来商家就可以收到货款了。对于卖家来讲,支付宝的作用也是一样的。由此可见,在现代市场的模式下,信用问题已经成为人们关注的要点。

美国是众所周知的发达国家,他们对于个人信用体系方面的运作比较有意思,有位长期居住美国的中国朋友曾经谈到了这一点。

来美国不久,他就开车从华盛顿到波士顿,准备去看望一位朋友。在最后一个高速公路收费站,他被告知应交费用是2美元,但当时他的口袋里只有1.75美元,没办法,他当时只能向这位收费站的工作人员解释。

本以为会被刁难苛责的他，没想到事情并非自己想象的那样。收费人员眉头都没皱地跟他说："没关系。"之后，还收到对方递过来的一个信封，内容是叮嘱自己要按照信封的地址把另外的0.25美元寄给他们，否则的话就会被罚款几十美元。

当时，这位先生觉得很好笑。他和自己的朋友说，如果自己不把这0.25美元寄过去又会怎样？朋友给他的建议是，千万不要那么做，否则的话将会为这0.25美元付出巨大的代价。因为，美国的个人信用调查公司将会把这件事记录在案，而他本人的信用历史也会从此出现污点，对于他今后的工作和生活非常不利。由此可知，在美国个人信用是非常受重视的。

美国人在出门的时候，是很少随身携带现金的。他们喜欢带着信用卡去吃饭、逛街、旅游和工作。在其他国家的人看来，这是一个很潇洒的行为，但是他们本人却无比清楚地知道，每次自己刷卡的时候，都会有信用记录。而一旦自己的信用记录出现污点的话，那么他们的正常生活就会受到影响。因此，美国人的个人信用是极其受到重视的。

对于美国在个人信用方面的发展，中国自是不甘落后。

很多人在准备购房申请贷款的时候，被银行告知信用卡还款逾期多次，信用记录不良，拒绝发放贷款。在这里，需要重视的就是个人信用问题。事实上，不管是申请信用卡还是申请贷款，银行都会查看申请人的个人信用记录，都会了解申请人的信用问题。个人信用在这个时候俨然成为了每个人的"经济身份证"或者是"经济通行证"。

信用成为人的"经济通行证"，那么可以想见的一个未来就是，信用将成为人的保障，当遇到失业、破产等重大变故时，信用将会给人提供一个短暂的财务支持。

譬如某人创业遇到问题，急需一笔钱渡过难关，但无奈身边没有能借到钱的途径。于是转而求助于银行，银行发现此人信用良好，且偿还能力可靠，于是向其发放了10万元短期贷款，帮助他解决了燃眉之急。

在未来，这种事会经常出现在我们的生活中。所以，拥有一个良好的信用记录才是你未来最好的投资。那么，良好的信用记录从何而来呢？

其实，累积个人信用是有一定的方法和技巧的。向银行"借钱"是个人建立信用记录的方式，对于一般消费者来讲，贷款和办信用卡是向银行"借钱"的最常见方式。而合理用卡，则是积累个人信用的最有效途径。据银行内部人员介绍，提升个人信用度的方法主要是通过在当前的信用额度下尽量增加刷卡次数，并在多家商户、多个消费领域使用信用卡消费，这是提高信用度的最有效方式。

未来社会，信用先行，在了解了个人信用累积的方法之后，那么读者在累积信用方面就可以有所准备了。

基尼系数，给社会的稳定保障

保险、养老金、个人信用，这些是从个人角度而言的保障问题。而对于一个社会来讲，真正的保障不仅仅是个体得到保全，更在于经济整体的健康运行。

影响经济健康运营的因素有很多，其中影响最大的因素莫过于贫富差距了。就像期末考试会让每一个学生紧张一样，每年统计一次的基尼系数也会让一个国家的政府紧张不已。

基尼系数这个概念是在20世纪初期由意大利经济学家基尼提出的用来综合考察居民内部收入分配差异状况的比例基数，而它之所以会让很多政府紧张，是因为它关乎着一个社会的稳定。

基尼系数是一个比例系数,所以它的最大值不可能超过1,而最小值也不可能等于0。

这个系数过大,则表示居民之间的收入分配很不平均,甚至存在100%的收入被一个单位独吞了的严重不公现象;而如果这个系数过小,则表示居民之间的收入分配处于绝对平均的状态,也就是说所有人之间的收入完全平等,人与人之间没有任何差异。很显然,这两种情况只能出现在理论上,是绝对不可能出现在现实生活中的。

基尼系数极高不好,但系数极低也不是好事儿。因为贫富差距本来就是经济社会发展的产物,国际上普遍将基尼系数为0.4作为一个经济体内贫富差距的警戒线,一旦基尼系数大于这一数值,这个经济体就很容易因为收入分配不均、贫富差距过大而出现社会动荡的情况。

一般来讲,发达国家的基尼系数基本上都维持在0.24到0.36之间,但这并不意味着对于社会非常有利,比如日本就是一个显著的例子。

日本在薪酬制度设计上是非常注重薪酬保障作用的,所以在世界范围内,日本的薪酬收入差距较小。但是,这样的负面影响就是使得日本社会活力和创新力显得不足,使得危机过后几十年日本的经济一直都发展缓慢,甚至有停滞不前的趋势。

所以,我们很难说基尼系数到底是大了好还是小了好,因为它们各有各的优点,也各有各的缺点,就像我们不会知道贫富分化到底是不是一件好事一样。

因为一味地追求平均,在一定程度上就是打击社会上的进步力量,让一些原本可以通过自己的努力变得富有并带动一些人也富足起来的人变得没有激情。反正努力不努力到最后得到的财富都会被平分出去,那我何不舒服地坐在原地等着别人将自己的财富平均到我的账户上?

第五章

社会与保障

对于贫富差别存在的必要性，当代经济学家茅于轼说了这样一句话："如果把富人都打倒了，穷人还有前途吗？他们一辈子只能永远当穷人，永无出头之日了。"事实的确如此，我们固然羡慕甚至嫉妒富人，但是我们却不能将富人赶尽杀绝，因为我们还要指望着他们能够在让自己富得流油的同时分一杯羹给我们。

我国的基尼系数是多少呢？不同研究结构公布的数据莫衷一是，但总体来说，我国贫富差距在缩小却是一个不争的事实。

有人可能会对这个说法不以为然，然而读者可以想一下，你的生活水平是否在提高？你赚钱的能力是否在提高？如果你的回答是肯定的，那么贫富差距就是在缩小。

那为什么我们会有贫富差距拉大的错觉呢？那是因为我们只是将目光瞄准在了最能赚钱的富人身上。如果我们的目标都是马云、王健林这些人，那么我们的贫富差距当然是在拉大，但和身边人相比，我们却无法否认自己的生活水平正慢慢赶上那些曾经令我们羡慕的人。

当我们在嫉妒一个又一个亿万富翁诞生、一个又一个富二代炫富、一个又一个土豪挥金如土的时候，我们不能否认的是，我们自己手中的钱也在一天天增加，尽管这个增长速度对于物价的增长速度来说简直就是龟兔赛跑，可是我们手里的钱终究还是多了一些。就是这一年多的这一点点，缩小了我国的基尼系数。

当然，这个正在缩小的基尼系数毕竟还只是局限于穷人与不太穷的人之间的收入差距、农民与中低收入者之间的贫富差距，如果将富豪们的家产都加进去，如果将所有还在温饱线上挣扎的贫民的那少得可怜的几毛钱存款也算上，想必到时最后算出来的让每一个人都心悦诚服的最真实比例一定会让政府更加难以面对。

但无论如何，基尼系数的缩小还是给我们的社会打了一针强心针，这说明社会财富分配的模型整体上是合理的。而我们的生活，在可预见的未来也必将朝着更好的一面发展。

最后需要指出的是，基尼系数的社会意义在于，它为执政者提供了衡量社会财富分布的标准，政府可以根据基尼系数的大小相应调整税收、财政补贴、社会福利等收入分配政策，以确保整个社会层面上的稳定。而对于我们每一个人来说，社会的稳定发展才是我们未来真正的保障。

第六章

城市与生活

廉租房为什么没有独立厕所

十几年前,有一位经济学者提出过这样一个倡议:政府给城市贫困人口建设的廉租房不应该有独立厕所,最好也不要有大平米,房屋的格局也可以差一点。

这个倡议一出,便立即引来全社会的抨击,尤其是城市贫困人口,更是将这位学者看作是学术败类,很多人恨不得杀之而后快。

"不让廉租房有厕所,难道穷人连如厕的权力都没有吗?""这个学者就是典型的为富不仁,看不得穷人享受一点好处。"……类似这样的话不绝于耳,让人怀疑这个学者是不是真的脑子有病,不然怎么会说出这么惹众怒的话呢?

然而，十几年后的今天，我们看到很多政府的廉租房建起来了，配置还真的就像这位学者当初倡议的那样——条件简陋，让人住着并不是很舒服。

这位学者"没有良心"，难道我们的政府也没有良心吗？为什么要如此"亏待""歧视"穷人呢？

其实，不是政府没良心，而这位学者也可以说恰恰是"学界良心"，他那样倡议是有经济学道理的。想弄懂这个问题，笔者先来讲一件实事。

在非洲很多落后的国家，与粮食问题同样严重的是医疗问题，这些落后国家一方面是缺少药物，一方面也缺少基层医生，以至于普通人根本得不到有效的医疗保障，贫困人口的人均寿命更是低得吓人。于是从上个世纪开始联合国相关机构、国际慈善组织便与这些国家的当地政府合作，在各贫困地区就地培养医生。

然而，令很多人感到莫名其妙的是，联合国培训机构花了大价钱培养出来的医生却往往都是一些"劣质"的"庸医"，这些医生很多都只具有一些正规医生的基本技能，甚至有些医生连基本的医疗手段都不熟练。有人不禁要问了，这样的医生怎么给人看病呢？

是当地人太笨没有学习能力吗？当然不是！是培养费用被人为克扣了吗？也不是！这件事的真相是：这些"劣质"的"庸医"是被有意地培养出来的。

也就是说，在培训机构对这些医生进行培训的时候，就有意地"偷工减料"，不让他们成为优秀的医生。这到底是为什么呢？不懂得经济学的人，恐怕想破头也想不明白。

其经济学原因在于：在一个社会中，人与人的需要是一样的，但满足需要的能力（即需求）是不同的，如果只提供一种供给，那么必然会出现

第六章
城市与生活

的情况是，需求能力最强的人将占据多数供给，而需求能力弱的人将得不到供给。

在供给无法满足整个社会需要的时候，要想解决这个问题，只有人为地制造供给差异，这虽然是一种不公平，但却是能够保障全社会基本供给的唯一方法。

以非洲"庸医"为例。如果培训机构将这些医生都培养成为合格的医生，那结果会如何呢？就是大部分医生会流入到其他富裕国家。

因为人是趋利的，非洲国家之间的发展也很不均衡，很多富裕国家的医生收入也非常可观。在自己的国家赚100美元和去邻国做医生赚10万美元，大多数人还是会选择后者的。而少部分坚持留下来的医生，则会成为某些权贵和富人的私人医生。这样一来，穷人仍然得不到基本的医疗保障。

而有计划地培养"庸医"，这些人一方面出不了国，另一方面权贵和富人也看不上，于是就留"给"了穷人。而对于穷人来说，哪怕"庸医"的治疗手段差一些，但也总比完全没有医疗保障要强很多。事实上，在非洲的很多落后地区，正是这些"庸医"改善了当地的医疗环境，让人均寿命有了显著提升。

与之相类似的故事还有很多。

明朝中期，有一位大臣受命赈灾。在领到粮食之后，他先做了一件事，就是命人往粮食里掺入沙子、杂草，有很多人不解，以为这位大臣是贪官，用这种方法克扣下一些粮食。但他们想错了，这位大臣是不折不扣的清官，他这样做也是没有办法的办法。

原来，之前所有的朝廷赈灾都会出现一个现象，那就是有些人明明不是灾民，却混在灾民中抢官府的舍粮，更有官府的人里应外合，把舍粮偷

偷以放赈的形式卖出去。这些人都是地头蛇，在当地手眼通天，几个来自于中央的放赈大臣根本就管不过来。

万般无奈之下，这位大臣于是想出了这个"下策"。

舍粮里都是杂草和沙子，普通人吃了直骂娘，便不会再来抢了，卖自然也就卖不出去了。而对于真正的饥民来说，粮食是用来救命的，至于里面吃出了沙子和杂草也就无所谓了。

再回到廉租房的问题上。如果政府把廉租房盖得漂漂亮亮、舒舒服服，那么会发生什么情况呢？那就是房源会被各种"有关系""有门路"的人拿走，甚至会成为某些贪官污吏的蛋糕，而真正有这方面需求的穷人则根本不可能拿到。

有些人会说，政府可以加强监督，对这类问题杀一儆百。但读者们要知道，经济的规律就是这样，挡是挡不住的。这些有权人、有钱人、社会人之所以比穷人强，就是因为他们有各种各样的办法，政府监督得就算再严格，他们也一样有能力钻空子。

十几年前，我国各地不是都有开奔驰宝马抢保障性住房的新闻传出吗？对于这类问题，国家不是没有管过，但有过好转吗？从来没有！直到政府开始在廉租房和保障性住房的配置上"偷工减料"，才彻底解决了这个问题。

无论是从社会学的角度还是从人性的角度，人与人之间都是没有任何差别的，无论是穷人还是富人，无论是官员还是我们普通老百姓，大家都想要过更好的生活、过更舒适的生活。

然而，经济学的角度却是十分残酷的。在经济学的视角中，人与人之间存在着极大的差异，这种差异决定了社会资源总是优先分配给富人、强人、有权力的人。即便我们在感情上更偏向于弱者，但无奈的现实就是这样，弱者在强者面前没有任何竞争力。

这个时候，想要获得一定程度的公平，就只能人为地制造差异，这样看似是对弱者不公平，但却能实实在在保障弱者的权利。

给穷人建漂漂亮亮的住房，让社会底层的人也能够享受到社会发展的成果，谁不想这样呢？然而，在现实的经济社会中这一切是无法实现的。漂漂亮亮的房子即便建出来，富人、强人也不会把它留给穷人，既然这样，就只能退而求其次为穷人建一些富人、强人看不上的房子，虽然可悲，但却是无奈的良心之举。

"剩女"是一道经济题

不知道从什么时候开始，社会上开始出现一种对大量女性的歧视，将年龄较大且没有成婚的女子称为"剩女"。所谓剩女，指的就是应该嫁人的时候没有嫁而被"剩下"的女孩儿。还有网友煞有介事地把剩女分成了三六九等：

第一阶段：25周岁到28周岁之间称为初级剩女，这些人还有勇气继续为寻找伴侣而奋斗，故称"剩斗士"（圣斗士）；

第二阶段：28周岁到32周岁之间，为中级剩女，此时属于他们的机会已经不多，又因为事业而无暇寻觅，别号"必剩客"（必胜客）；

第三阶段：32周岁到35周岁之间，为高级剩女，在残酷的职场斗争中存活下来，依然单身，被尊称为"斗战剩佛"（斗战胜佛）；

第四阶段：到了35周岁往上，那就是特级剩女，当尊之为"齐天大剩"。

笔者虽然很厌恶这种明显带有性别歧视的称谓，但作为一个经济学者，笔者还是想从经济学的角度分析一下这个问题。

据统计，中国社会到2020年适婚年龄的男性比女性将多出1000万，这就意味着女性将成为"香饽饽"。那么，为什么社会上还会有剩女存在呢？从经济学考虑，主要有这几个原因：

第一，她们大多数人都很优秀，择偶眼光过高，对男方的长相、才华、学历、人品、经济、地域等各方面都很挑剔，结果择偶范围狭窄；

第二，由于本身的优秀，她们常常是众多男子追求的对象，可她总是觉得还会有更好的男士在等着她，于是等成了剩女；

其实，很多剩女都是在挑来挑去的过程中发现自己"老了"。她们在挑选的时候，忽略了时间的力量，忽略了时间的成本，也就是说他们在选择的同时产生了巨大的机会成本。

记得在相亲节目《非诚勿扰》中，一个女嘉宾坚定地说："我要在这儿找到我的Mr.Right，无论录多少期我都愿意等。"而黄菡老师却说："如果你20岁你可以等，但你现在已经这么大了，难道还要一直不降低标准么，你没有考虑过你付出的成本么？"想必黄菡老师说出了很多人的心声。

很多美女都想着嫁一个有钱的老公野鸡变凤凰，可现实却是，漂亮女人多了去了，又有哪个花花公子是心甘情愿只采一朵花的？而那些渴望能够得到此生唯一的穷小子，却在爱情面前败给了金钱，想要好好谈一场恋爱却连恋爱成本都支付不起。

有一位网友这样写道：现在恋爱都是高富帅的奢侈品，银行卡里没有五六位数谁敢谈恋爱！2月14日情人节，3月7日女生节，3月8日妇女节，3月14日白色情人节，现在分明已经到了女权主义的社会。

最近这些日子，各种专为女生定制的节日一个接着一个，一到了给女

第六章
城市与生活

朋友买礼物、过节日的时候就头疼，花少了钱说我不懂浪漫，花多了钱我下个月就该去丐帮拜师学艺了。以前谈恋爱无非就是"牵手压马路、逛街不花钱"，可是现在这些却成了对女朋友的一种羞辱。

这位朋友说道，自己的女朋友是一个很喜欢浪漫的女孩，同在一个学校所以每天都会见面，虽说在别人眼中是金童玉女的一对，可是金玉良缘是要花钱的，整天在一起就意味着每天都要对这份感情买单。一个星期看一场电影这已经是法定的一项开销了，除此之外平均三天都要去各种被女友称之为浪漫的餐厅里吃一顿饭，在我看来，那哪叫浪漫，价值就是宰我。更令人头疼的是一到了节日，怎么跟她庆祝一下又是一笔不小的开销。

网友略微计算了一下，每个月他光花在和女朋友吃饭上的钱就有800元左右。另外一个月的电影费从未低于400元。要是遇到个重大节日，兜里没个500元左右都不敢带女友出门。这对于一个还在读大学，生活支出全靠父母接济的大学生来说实在是太有压力了。男生长大了，本就应该到了孝顺父母、给父母家轻负担的时候了，可是现在却因为恋爱的事情平白又给家里带去了不少的压力。网友抱怨道，这还只是恋爱成本，等有一天要娶媳妇过门了，说不定还要爹娘砸锅卖铁呢。

现实就是这样，她们可以嫁的人她们不会选，而总是望着标准之上那些够不到的Mr.Right。于是，嫁不嫁成了一道选择题：降低标准还是不降低标准呢？

在选择答案时有些女性选择了降低标准，男人三十一枝花，女人三十豆腐渣。女人在选择对象的过程中面临的机会成本实在太大，你的青春不再、容貌不再，看看周围的同龄人小孩都能打酱油了，家里人还在催婚，这些都使心理压力无形中加大，在这样的情况下有些女性也就慢慢开始降低标准，这个过程就是温水煮青蛙，渐渐地相亲的对象越来越一般，自己接受的标准也慢慢放宽。于是，在降低了标准的情况下，"剩女"们终于迎来了自己的春天，拥抱了幸福。

而有些女性则选择了不降低标准。如果把男性和女性按优劣程度各分为四等ABCD的话，在中国人的传统观念中，女性是会找一个比自己更优秀一些的男生的。所以，B等级女生找了A等级男生，C等级女生找了B等级男生，D等级女生找了C等级男生，于是，剩下了A等级女生和D等级男生……。

但问题在于，优秀的人都会往比自己优秀的人群去看，结果是谁也看不上谁，大家就僵在了那里。

不降低标准的女性说，我高考考了985名校、托福考了115分，进的是全球500强的公司，我对自己所有方面要求都很高，我为什么要在择偶时降低标准呢？也是！优秀是一种习惯，所以习惯让她们等待更优秀的Mr.Right，结果是等了一场空。

由此可见，所谓的剩女问题用经济学来解释就是一个选择的问题，一个涉及到机会成本和机会收益的选择题，剩女之所以最终被剩了下来，很大程度上也是因为一味追求机会收益的最大化而忽略了自己的机会成本，让原本可以把握的婚姻在身边溜走了。

盐为什么从来不打折

走进超市，我们被琳琅满目的商品所吸引，而稍微一注意我们就会发现，很多商品为了让我们的目光在它身上多停留那么几秒都使出了打折这一招。

第六章
城市与生活

所谓打折,就是降价销售。小到饼干、方便面,大到汽车、房地产,几乎都有利用打折促销的时候。打折可以驱动人的消费,让本来没有需求的人也跟着凑热闹,这样一来就会提升商品的销量,单位商品的利润虽然减少了,但价格却增加了。

然而有这么一种商品,我们却从不见它打折,也从未见过它有促销的宣传,它就是食盐。

众所周知,食盐是每家饭桌上的必需品,人类的生理结构需要每日摄入固定量的食盐,可以说生存离不开食盐。既然食盐如此"紧俏",它应该是一种很火爆的商品,更应该在市场打折促销才对呀?可是为什么食盐从不打折呢?

首先,因为它是必需品,所以从古代开始食盐就被国家垄断着,而这也是导致食盐价格居高不下的一个重要原因。

国家垄断是指国家运用政权的力量,并通过国营经济组织对某些重要产业部门或产品的生产及市场实行一定程度的独占或统管,其目的在于发展重要的、有关国计民生的产业,稳定社会经济生活,其手段是合法的,其存在也是必要与合理的。

国家之所以对食盐进行垄断,有几个重要原因:盐是生活必需品;只有特定地域才生产;内陆需要盐,运输路途远,商家可以通过运输来谋取暴利。国家对食盐加以控制,就能够确保食盐的价格在某个区间基本稳定。

另一方面,超市里其他的商品,如衣服、鞋子、食品这些,虽然都是我们日常所需要的,但其更新换代的周期非常短,替代品也多,推陈出新是常有之事,所以存在过时过季的风险。而我们对于这些商品的需求并不是刚性的,存在一定的柔性。

至于食盐,它虽然属于刚性需求,但需求量并不大。用经济学的术语说,我们对于食盐的需求改变率即需求弹性非常小,这也是导致食盐价格稳固不变的另一个重要原因。

需求的价格弹性表示在一定时期内一种商品的需求量变动对于该商品的价格变动的反应程度;需求的交叉弹性指一种商品的需求对另一种商品价格变动的反应程度或敏感程度;需求的收入弹性表示一种商品的需求对消费者收入变动的反映程度或敏感程度。

每个人每天都要吃盐,食盐是最不可缺少的调味品,且寻找不到可替代的其他调味品。服装、包包、手机都有那么多品牌可供我们选择,而如果我们不吃盐的话有什么更好的替代品吗?显然没有。因此,即便同类商品的需求早已发生天翻地覆的变化,食盐的需求量变化也还是非常有限的。

虽然我们都要吃盐,但是我们对它的需求量并不是很大。前面说了,它只是一剂调味品,每次放几勺就已经足够了,一包盐够我们吃很久。所以,买盐的这部分支出在我们生活总支出中所占的比例是非常小的,没人会计较买盐的那几块钱。

随着我们工资水平的提高,听说过拿钱去买肉改善生活的,也听说过去买衣服来提升品位的,但还真没听过谁要在自己家堆上几袋咸盐的。而且,从我们自身出发,我们对于食盐就是简单地按需购买,并不会因为食盐的价格上涨就放弃购买,也不会因为食盐的价格下降就对其进行大量储备。

然而,我们对于其他商品的需求就远不止于此了。在什么样的经济条件下,就会衍生出什么样的物质需求,经济基础决定上层建筑。我们对于服饰、鞋包和手机这些生活品的需求弹性是非常大的,它们都有很多的替代品，我们可以根据自己的经济条件来进行选购，无论是低调奢华还是简单朴素都不会对我们的生活有太大影响。所以，这部分商品的需求量往往受价格因素的影响非常大。商家也经常会通过一些打折促销活动来促进商品的销量，而且这一方法也是屡试不爽的。

最后一个重要原因，食盐的价格本就十分低廉，不需要通过打折的手段来增加销量。听说过有人买不起品牌服装的，但却从未听说过谁家吃不起盐的。因此，这种能够满足所有消费者需求的商品也就没有打折的必要性了。

讨论到这里，我们就要回归正题了。为什么食盐从不打折？因为我们寻找不到食盐打折的必要。食盐的价格不会影响人们的生活，不会增加或者减少它的需求量，也不会让国家因此而获得更高的收益。

穷人有穷人的活法，有钱人又有有钱人的过法，但对于穷人和富人来说，在吃盐这一问题上并不会产生差别。人人都需要盐，人人也都吃得起盐，所以食盐也就不需要通过价格的调整去讨好谁了。

强者恒强的依赖路径

在经济生活中，往往能够见到这样奇怪的现象，就是当一个企业走入你的生活，帮你解决一个问题之后，它会慢慢成为你生活的一部分，并占据你生活的其他领域。这样的企业有很多，比如我们最熟悉的腾讯。

从有到无，腾讯的发展可以说是越做越强，而仔细探究一下你就会发现，在腾讯发展壮大的这条路上，腾讯所走的都是同一条道路，不像其他很多企业，一旦在某领域有了一些成就就开始想着跨行业发展。腾讯则不同，它只想在同一个行业领域里做好做精，成为该行业谁都不能撼动的王者。

以腾讯QQ为代表的一系列腾讯产品，正在深刻地影响和改变着我国甚至是国外很多用户的沟通方式与生活习惯，腾讯的发展壮大无疑是拓宽了用户的沟通平台，便捷了人们的交流方式。不仅如此，腾讯在一直都在再接再厉，进一步在人们的生活中实践着各种生活功能、社会服务功能甚至还为很多企业提供了免费便捷的商务应用功能。这就是专职的腾讯，其专注态度正以前所未有的速度改变着无数网民的生活方式，甚至还为互联网应用创造出了更为广阔的发展前景。

不说别的，试想一下，如果有一天腾讯突然"处决"了QQ，那我们的生活将会遭受怎样程度的重创，丢失了很多老友的唯一联系方式，与海外的人们聊天也变得异常麻烦，就连工作中想给对面的同事传个文件都弄得手足无措。这就是这些年来我们对于腾讯的依赖，也是腾讯为我们带来的便捷生活方式。

以腾讯QQ为开端，之后的腾讯之所以会有如此大的发展，最根本的原因就是因为腾讯够专注，始终坚持着原有的方向与目标不断拓展。截至目前，腾讯已经拿出了"为用户提供一站式在线生活服务"的战略目标，腾讯正是基于此开始了此后的相关业务布局。无论是QQ游戏、拍拍网，还是QQ即时通讯工具、QQ邮箱以及SOSO搜索等，这些都是腾讯原有成绩的基础上所做的进一步探索与努力。由于对QQ的黏性，腾讯发展的路径依赖已经形成，这使得腾讯拥有了亿万固定用户。如此一来，此后腾讯无论是从哪个方面着手开拓新产品都将是易如反掌的。

腾讯的成功就是我们经济学上经常讲的路径依赖。经济学者认为，路径依赖无论对于企业还是对于个人的发展都很有好处，很多人习惯于将路径依赖定性为"历史决定一切"，这其实是不对的，路径依赖决定的只是方向，而具体如何进展还是要看以后的发展。

第六章
城市与生活

通俗一点讲,路径依赖理论简单说就是人们一旦做了某种选择,就会跟随这个选择一路走下去,此后的很多情况就都是这个选择的结果。在这一过程中,惯性的力量会使这一选择得到不断的自我强化,同时,在这条路上你越是强大,就越是不能轻易改变方向或是重新做出选择。

美国经济学家道格拉斯·诺思是第一个提出该理论的人。在诺思看来,路径依赖就像是类物理学中的"惯性",无论是一个企业还是一个个人,一旦进入某一路径,不管这条路是好还是坏,都有可能在接下来的发展过程中对这种路径产生依赖。

我们可以举出一个现实生活中的例子来进一步形象地解释路径依赖这一理论。

四英尺又八点五英寸是现代铁路的两条铁轨之间的距离,可是为什么要以此来作为标准呢?其实这不是经过科学家日夜研究得出的最好结论,而是因为最开始的时候铁路的设计者是建电车的人,而四英尺又八点五英寸正好是电车所用的轮距标准。这时你也许会问了,那么,电车的标准是怎么定的呢?好笑的是,最开始的电车是造马车的人修的,所以建造者就用了马车的距离。那马车的轮距标准又是怎么来的呢?其实是因为在英国马路的宽度是四英尺又八点五英寸,马车如果使用别的间距就会很容易在行驶的过程中撞车。而这些马路是古罗马人为自己的军队修建的。

当时包括英国在内的整个欧洲的长途老路都是罗马战车的宽度,这使得别的宽度的战车不能够在这些路上长期行驶。那么,罗马人的战车之间的轮距宽度又是根据什么来的呢?原因很简单,其实四英尺又八点五英寸正好是牵引战车的两匹马屁股的宽度。故事的趣味性并不单单如此,在美国研究航天飞机的时候,燃料箱两旁的火箭推进器造好之后要用火车运送,在路上会经过一些隧道,但是隧道的宽度比起火车轨道来宽不了多

少，所以火箭助推器的宽度就被铁轨的宽度决定了。

两千年的那两匹拉战车的战马怎么会想到自己屁股的宽度竟然影响着人类历史上两千年的交通，甚至还影响了航天飞机的设计。这一连串的相互牵扯就是受到了路径依赖的影响。

惯性是我们司空见惯了的，所以总觉得熟悉得不能再熟悉了，也正因为如此，我们也习惯了我们所习惯的。一旦有谁站出来说要改变，对路径依赖的人们就会担心不已。就像是正在一条已经习惯到抹黑都能走回去的路上安稳地走着，突然说要换乘一辆自己从来没有见过的列车，谁都会犹豫不决，纵使这趟列车会以更快的速度将我们运送到目的地，我们也还是会胆战心惊不敢上车。

在很多情况下，遵循惯性是因为惯性曾经带给我们成功，但是，客观条件是在不断发生变化的，以前管用的拿到现在不一定管用。同样，现在管用的将来也不一定管用。这就需要企业管理者认真分析情况，在经验的基础上结合实际情况发挥主观能动性，创造性地处理问题。

对于企业来说，如果一个发展方向是对的，那么一定会给企业带来巨大的效应，在这一点上，腾讯就是一个很好例子。

正是因为腾讯在QQ领域做到了最强，并且还将继续做大下去，所以，对于腾讯来说，遵循这一条前景广阔的路径发展会给腾讯带来巨大的规模效应，但是这也并不意味着所有企业都应该始终坚持一条道路，不管是好是坏都一直走下去。

企业的发展道路就像是一个人的人生道路一样，发展的方向有很多，但是适合自己的却不多，如果一个企业最开始时做出了错误的发展规划，并且对这条错误的路径产生了依赖，一意孤行下去，那么早晚会将企业推进万劫不复的深渊。

| 第七章 |
创业与就业

第七章

创业与就业

正在消退的人口红利

最近几年，你是否觉察到了一个问题：身边的人们都在抱怨钱越来越难挣了，但是物价却越来越高。有人说这是因为世界大环境进入到了物质极丰富的时代，发展达到了顶峰，导致整体经济下滑，经济要进入一个新的平衡状态；有人说是房价太高，导致人们的生活成本不断提高；有人说因为互联网的异军突起，导致人们消费观念在转变，很多行业未能及时转型……可以说这些都对，我们在前面的章节也都有所提及，这里就不再细说了。

然而，像我们这么大的国家、这么大的经济体，反映经济增长率的重要指标GDP从8%以上的增长常态降低到6%左右难道只是因为上面那些原因吗？

在回答这个问题之前，我们来看看下面的两则新闻：

一则是，每年过完年后，都会有报道说企业招工难，尤其是沿海那些制造业基地，没有一年不抱怨招工难的。很多大企业为了招到员工，对那些能介绍新员工过来的人都有明确的奖励措施。想想2008年之前，要想进一个像样的工厂，还得托熟人、请客送礼，现在待遇一再提高，但是招人越来越难，"用工荒"成为了常态。一些企业为了留下工人，除了提高工资外，还想了很多其他的办法。

另一则是，世界上最大的电子制造公司富士康计划分三个阶段减少中国大陆地区工厂工人的数量。其自动化技术发展委员会管理人员表示，第一阶段是，工厂的个别工作岗位将装备机器人，完成对人而言过于危险或简单的重复性任务；第二阶段是，把机器人用于整个生产线；第三阶段将达到只需少量员工即可完成生产、物流、测试、检验等工作。

据了解，富士康已经在内地的工厂中部署了6万台工业机器人，未来将会增加到20万台。在2018年的一次新闻发布会上，其执行副总裁宣布，未来几年将投入100亿元新台币（相当于3.4亿美元），用于人工智能应用和工业互联网领域。

抛开其他不说，我们从经济学的角度去分析，其实这两则新闻所反映的都是，现在人力成本在逐渐上升，让制造业的成本逐渐增加。那么又是什么原因导致人力成本上升的呢？

有人说现在的年轻人依靠父辈的积累，完成了转型，已经看不上工厂了；有人说现在的社会环境太宽松，年轻人有了更多的选择。这也是部分原因，但却不是主要原因，最主要的原因就是我国的人口红利正在逐渐消失。

所谓"人口红利"，具体是指一个国家的劳动人口占总人口比重较大，抚养率相对低，为经济发展创造了有利的条件，使得整个国家的经济呈现高

第七章
创业与就业

储蓄、高投资和高增长的态势。

人口红利通常发生在人口过渡时期的晚期,这个时候因为生育率开始下降,导致少儿抚养比降低,劳动年龄的人口比例上升,在老年比例达到较高的水平之前,整个社会形成一个能创造社会财富的劳动力资源丰富、抚养负担轻,对经济发展非常有利的"黄金时期",经济学家称其为"人口红利"。

如果研究一下东亚地区的日本、韩国及我国台湾地区,从1965年到1990年一直保持超过6%的高增长"经济奇迹",会发现一个地区经济发展的速度与总人口的增长速度没有关系,但是与劳动人口(15岁-64岁)的增长速度有关。

虽然人口红利并不意味着经济一定会增长,但是当经济增长一旦进入快车道时人口红利就会成为经济增长的助推剂,推动经济的快速发展。

人在0-15岁之间及64岁以后,消费要大于产出,而在15-64岁之间,人的产出则大于消费。当中间这部分人口的比例不断增加时,将会拉动经济的增长。人口红利对经济的影响主要包括以下三个方面:

一、因为总产出大于总消费,让资本积累加速。过去30多年中国经济的高速增长,资本的贡献最大,占到70%。资本的积累也与人口因素密切相关,这主要是因为一方面,较低的人口抚养比为高储蓄、高积累、高投资提供了必要的条件;另一方面,因为劳动力供应的充分延缓了资本报酬递减规律的出现,使得资本投入不断得到回报,经济才能不断地高速发展;

二、子女数量的减少提高了劳动参与率,尤其是妇女的劳动参与率。这增加了劳动人口的数量,从而增加了劳动力供给。我国最近几十年的经济腾飞,主要原因就是制造业的发达,使我国成为了"世界工厂"。

如果没有产业工人,工厂又该如何生产呢?因为近几十年大量的廉价劳动力进入到工厂,给制造业带来了春天。成本优势又使得我国制造业在世界贸易中占据优势，这加快了我国经济的发展。

三、劳动力的教育投入更多，人力资本存量更高。人们希望能够延长寿命，于是改变了人力资本投资的观念，有更多的技术发明得以使用，这样便提高了人力资本投资的回报。一个国家的人口只有更健康，才能算作是一个富有生产力的国家。并且健康的作用远远不只是增加体力的作用，还有智慧的开拓与使用。

随着15-64岁劳动人口达到顶峰后开始减少，人口抚养比也开始提高，这标志着中国人口红利的消失。人口红利消失带来的最直接反映就是不断加速的人口老龄化问题，这将造成活力不足、负担加重。人口老龄化，将会从多个方面影响到我国经济的持续增长。

人口红利消失会造成活力不足，带来社会抚养比的不断提高，使劳动力的负担和成本加大；人口红利消失会导致消费人群的缩减，使社会消费不足；劳动力年龄结构"老化"。

这三个方面都严重影响着我们中国的经济竞争力，进而影响了我们每个人的生活。不信大家可以回想一下，近些年一些为你我服务的服务人员是不是已经有年龄越来越大的趋势了？这其实就是人口红利的影响之一。

过去我国经济的增长主要依靠资本的积累、劳动力的增加和抚养比的下降。但是当人口红利消失以后，这些优势都不再存在，这时我们应该怎么办呢？对人口红利的消退，我们要正视这个趋势，坦然接受，并积极采取措施去应对。

面对不可避免的人口红利消退，政府也采取了一些措施：

提高人力资本，全面建设学习型社会，科学地提高潜在增长率。未来人们将会接受越来越多的教育，对于一些45岁以上的职工进行技术、文化教育和职业培训，缓解减少的劳动力人口。

第七章
创业与就业

目前我国还有 1.6 亿农民工,他们通常 50 岁就退休回乡了,通过城镇化的推进,改革户籍制度,让农民工也能正常退休,这样劳动参与率就增加了。还有对城镇的职工实施延长退休期的制度。

此外,还应加速发展高科技产业,提高生产自动化和办公自动化,减轻劳动强度,这样就可以让那些体力下降的老年职工继续工作了。

我们的生育率目前已经处于较低的水平,为了缓解人口的老龄化问题,2011 年我国全面开放双独二孩;2013 年我国开放单独二孩;2015 年我国允许普遍二孩,也就是全面开放二胎。2016 年,我国正式实施全面二胎政策。

虽然旧的人口红利在消失,但是中国现在拥有大量的创业者,这将为我国带来新的人口红利。在上千万的创业者中,如果有 10% 的人能够做成一点事情、0.1% 的能成为大的企业家,那么就能对我国经济产生重大的影响了。

随着人口红利的消失,资源会重新配置,这样会有一部分企业得到发展,从而提高全社会的生产率。只有保持不断进步才能在新的人口红利中取得机会。

贷款上学其实是好事儿

"你知道吗,街边修车的老李,他闺女考上大学了,现在正在到处借钱筹集学费呢,哎,命苦的孩子!也不知道能借到吗?"这样的事情在以前会常常听到。有时还会看到 ×× 考上大学了,但是因为家里穷,为了不增加家里的负担,偷偷把录取书撕了这样的报道。那时,助学贷款还没有出来,一些优秀却贫穷的孩子就这样与大学失之交臂,走上了不同的人生之路。

但现在因为国家助学贷款的出现,这样的情况基本上没有了。对于家庭经济暂时困难的学生来说,国家助学贷款是一个很好的选择,圆了一些人的学子梦。

近年来，随着互联网的火热，大学生校园贷款成为时尚，各种平台也推出了消费分期的业务，并且条件非常宽松，只要身份证和学生证就可以了。如果这种消费贷款能够帮助大学生去做一些有意义的事情，并且能够在贷款中学会安排自己怎样更好花钱的话，这是可以得到认可的。但是如果仅仅是为了追求名牌产品、为了相互间的攀比，这是不值得提倡的，因为这不利于学生培养正确的理财观和消费观。

对于我国大多数学生来说，以前的主要精力都花在了学习上面，对金钱的管理没有概念，并且学校也没有这方面的教育。上了大学后，自己要打理日常生活，因为没有花钱的具体计划，看到喜欢的买、碰到想吃的买，等到父母给的生活费快没有时才惊觉钱快没了。这时也不敢再找父母要，于是有人就找到了"校园贷"。

对于那些吸取乱花钱教训的同学来说，校园贷缓解了自己的财务危机，能从中认识到以后该怎么花好每一分钱。但对于一些没有自制力的同学来说，"校园贷"就像是打开了一个潘多拉的盒子，以后的问题会越来越严重，这个是我们不愿看到的。

之前有新闻报道称，有的学生不堪忍受"校园贷"的压力，选择了自杀，年轻的生命就这样戛然而止。相对来说，大学生还很单纯，有时考虑问题比较简单，在贷款时可能没有想如果到期还不上怎样办？

还有的大学生一不小心便落入一些非法平台的陷阱，比如：

被别人冒用身份证，用好处费为诱饵让大学生帮忙贷款，从而自己背上高额贷款；遇到虚假贷款公司，钱没贷到，却被骗了保证金；用"黑户"为幌子，吸引大学生贷款。这些陷阱是五花八门，一旦被骗将对本就不宽裕的大学生造成更大的困扰。

第七章
创业与就业

所以对于"校园贷",要根据自己的实际还款能力量力而行,尽量不要去碰触。"校园贷"不同于助学贷款,一些"校园贷"平台的利息和手续费都非常高,还有的是非法的高利贷,可能一次就毁了自己美好的前程。

目前我国的助学贷款,在校学习期间是没有利息的,等到毕业的时候,可根据自己的情况选择不同的还款方式。这样的贷款对于家庭困难的学生来说是一个福音。

以前家里条件不好的学生,虽然东拼西凑把学费筹集够了,但是知道父母借了亲戚朋友的钱日子也不好过,所以为了缓解家里的负担,大多数学生在校期间都会去兼职打工,挣一些生活费。如果在不影响学业的前提下,这样还是可行的。但是人的精力都是有限的,如果在兼职上投入太多,则学业肯定会受到影响,不少好学的学生不得不丢下喜欢的书本,去为生活奔波。

对于学生来说,在校期间主要的任务就是学习知识,只有前期积累得足够多、足够广,未来才能飞得更高、更远。就像如果我们想要砍柴多切快,一定要把斧头先磨好,正所谓"磨刀不误砍柴工"嘛。

看看身边那些取得好工作的师哥师姐,在校期间都是专业基础很好并且涉猎广泛的人。如果助学贷款可以为你争取到更多的时间去汲取知识,那么你一定要毫不犹豫地抓住这个机会,人最宝贵的就是时间和知识。

可能从目前来看,你的负债会增加,但是那些知识的未来价值是不可估量的。等到你把其变成财富的时候,你就明白当时的选择是多么正确了。从投资的角度来看,这是一笔只赚不亏的投资,你投资的是自己的头脑与未来。

从经济学角度来讲,助学贷款是提前预支未来的钱,刨去上学期间的利息,再刨去通货膨胀,其实你的利息也没有多少,好好善用这笔贷款吧。

现在大环境也已经发生变化,也不是只有经济困难的学生才去贷款的。现代人的理财观念也不像原来那么守旧了,对于即将进入大学的年轻人而言,学会自己去独立办理银行的免息贷款，这也是一个锻炼能力的好机会，除了建立早期信用管理理念外，还能学会怎样管理自己的钱财，这点真是目前我们的教育所欠缺的。

因为办理了生源地贷款，毕业时还了款，你的信用额度就要增加，如没有办理过贷款的，你工作时买房，去银行办理贷款可能你只有10万元的信用额度，如果是办理过贷款且没有不良记录，你的信用额度至少是20万元。

通过助学贷款，做出自己的借款还款计划，可以从侧面接触到一些理财知识。很多学生原来对这一块基本上是不知道的，但是通过这件事情，对于金钱的观念可能会有新的认识。也让一些人，知道在没钱的时候，除了跟亲人朋友借钱外还有一种方法，那就是跟银行借。这对以后的创业思维也能开辟出一条新的途径。

有的家长觉得让孩子去办理助学贷款是一件挺丢人的事情，其实不然，如果家里经济条件不是很好，让孩子去办理助学贷款可以让其能更快地独立起来，也能让孩子养成会花钱的好习惯。如果孩子花钱大手大脚，即使你有万贯家产，迟早也会被败光。

助学贷款，不仅解决了学生经济困难的问题，还能让学生能够专心学好知识，更能让学生接触到信用管理、学习理财观念、学会独立。这些都将影响到其年轻人的一生，对人生方向的规划与发展都有积极的作用。

创业，你不能不考虑的机会成本

这些年我们注意到的一个现象是创业的人越来越多。

有些人是在某个领域有了一定积累，觉得一辈子不可能永远给别人打工，于是辞了职自己创业；有些人是因为一时找不到理想中的工作，又不想做太

第七章

创业与就业

辛苦的工作，于是一咬牙干脆自己创业当老板；有些人则是看到身边人创业赚了钱，于是也想赚大钱去……

无论是出于什么原因，从感情的角度讲，对于所有人的创业我们都应该鼓励和祝福。然而作为一个经济研究者，我们却不能不帮大家算一算创业的经济账。

有人说创业失败也不过是损失一些钱而已，怕什么，大不了就当这笔钱丢了，还能学到不少经验。创业的成本真的就这样简单吗？别的不说，这里就只说说创业的机会成本。

在经济学上机会成本是一种非常特别的成本，指从事某项经营活动而放弃另一种经营活动的机会，也就是为了得到某种东西而要放弃另一样东西的代价。机会成本，也称选择成本，是指做出一个选择后所丢失的、没有做这个选择而可能获得的最大收益。

据说10年前有个商人把自己的房子卖了80万元进行创业，经过10年的艰辛奋斗他终于为自己赚了百万身家，并用赚来的400万元，把自己当年卖掉的房子又买了回来。

虽然现在这个老板是百万身家，但是当年他如果把卖房的钱用来多买几套房，又会挣多少呢？这10年如果他做了别的投资又会取得什么结果呢？创业期间他失去的时间、精力等等又将如何算呢？

在生活中，我们常常听人痛心疾首地说："早知道这样，当时我就……"可是，我们不是先知，无法预测未来，做决定时是不知道最终的结局的，我们只能多方考虑，尽可能回避一些不必要的错误，来保证选择的收益最大化。

创业是一种投资，并且是危险系数极高的投资。每年世界上都有上千万家创业企业诞生，但是能坚持下去直到上市的概率跟走在路上被雷劈中的概率一样。

据统计，美国新创公司的 10 年存活比例仅为 4%。第一年以后将有 40% 破产，5 年内将有 80% 破产，在第二个 5 年中又有 80% 破产。也就是说，100 家新创企业到 10 年后能够存在的仅会剩下 4 家。

中国新创公司的存活率应该跟美国的差不多，看看最近发生在我们身边的一些事，你就会深有体会。2016 年共享单车出现在公众的视野中，当时各种共享单车如雨后春竹般冒出，到了现在剩下的又有几家呢？

目前我们正处在一个信息时代，发展的节奏非常快，可以说是日新月异。在这快速发展的进程中充满了各种机遇与挑战。可以说这是一个最坏的时代，也可以说这又是一个最好的时代。

一些准备创业的人常常想的是创业后会得到什么，于是被自己描绘的美好未来所迷惑，其实这样的想法是不完全的。对于创业者来说，你还要想想，如果创业失败了，你将要失去一些什么？如果你不去创业的话，可能又会得到什么？这些都是创业的机会成本。

首先，选择了创业，就意味着失去了自由。

有人因为想要过上自由的生活而选择了创业，觉得当了老板后就能掌握自己的时间了，然而现实根本不是这样的。作为创业者，你的时间确实有弹性，因为你处在一直待命的状态，必须要随叫随到，哪怕你不会一整天都在工作，但是什么时候会有事情，你是无法掌握的。

一个真正的创业者，会把 24 小时都用在工作上，就连做梦也在接待客户、谈融资、谈合作。你是老板，你得是所有员工的榜样，必须要以身作则，创业其实不仅仅只是安排手下人干活儿，或去参加会议、发表演讲那么简单。

何况，怎么安排人去干活儿才能取得最好的结果、在会议上怎么发言才能解决问题，这些也是需要仔细斟酌的，一个不慎你的努力就会化为泡影。

创业会占据你的生活、占用你的时间、耗费你的精力，如果创业成功了，那么你将长期保持这样的生活状态，可能还会越来越忙，可能一忙就是一辈子。

其次，选择创业意味着放弃了享乐，你要做好吃苦的准备。

在大众创业、万众创新的热潮中，一些人就觉得创业就是在做梦的过程中，想出一个好的点子，然后画张商业模式的大饼，弄出一份超级商业计划书，然后让那些钱多得没地方花的创投们来投钱，经过几轮的融资后，敲锣上市，各方分钱，最后把公司卖了，从此过上无忧无虑的富豪生活。

其实，创业真的没有这么简单，它不是一个开始，而是一个艰辛痛苦似乎没有尽头的过程。在这个过程中，你会经历一些无法预料的困难和风险，这些不是仅仅依靠热血激情就能解决的。

再次，选择创业意味着放弃了轻松自在的生活，从此压力会如约而至。

在有的人眼中，创业很美好，在沙龙与咖啡馆的穿梭中就能获得成功。但是在实际的创业过程中，尤其是创业初期，哪里来的光彩照人？很多都是在孤独与绝望间徘徊，在焦急不安中等待，其中的心酸只有自己才能知道。

创业的压力很多也很大，超负荷的工作，无法述说的恐惧，没人能够理解的孤寂，还有来自亲人朋友无形的压力。但哪怕是这样你也不能逃避，你必须要坚持到最后。如果失败了，除了债主们的围追堵截外，还有其他人不屑的眼光，更有一些人的冷嘲热讽。所以在创业之前要做好孤军奋战的打算，要做好打持久战的准备，还要做好合作伙伴随时撤退的应对之策。

最后，选择创业意味着放弃了对家庭方面精力的投入。

人的时间和精力都是有限的，在这方面投入得多了，那么对父母、爱人、孩子、朋友就少了。有很多创业者得不到家庭的理解，最后虽然创业成功却失去了家庭，有的还会出现"子欲养而亲不在"的悲痛，这些也是创业的成本。如何平衡创业与家庭的关系，可能是很多创业者都头疼的问题。

很多创业者的三餐都不准时，作息也不规律，常常会为了拉项目而不得不在酒桌上酩酊大醉，还有在压力下产生的负面情绪，这些对创业者的健康都很不利。身体是革命的本钱，但是在创业初期根本就没有时间和精力去兼顾，这也是创业的成本。

所以，在创业伊始先要做好最坏的打算，问清楚自己的内心到底能否接受失败？可能还不只是一次失败，失败的后果可能会是负债累累、妻离子散、朋友反目、路人鄙视……面对这样的后果自己能否承受？

如果这些你都能承受，那么，准备好后就踏上创业之路吧。

一边求职难，一边用工荒

快要大学毕业的好学生孙晓最近很消沉，近半年来求职的不顺让她极为受挫。

"公务员考试差了一点点；简历也投了不少，但是通知面试的企业却没几个。有一家私企愿意录用我，但每月工资只有2600元，还要经常加班，我不想去。现在每天都在等待中度过，都不知道自己能干啥了。"

据孙晓介绍，她们班一共有60多位同学，有十来个去做北漂一族了，大多都在房地产公司做销售，底薪也只有两三千元，除非能卖出房子拿到提成；还有20多个考上了研究生；剩下的大部分跟她一样，还没有找到工作。"离毕业离校还不到一个月，不知道这段时间能不能把工作定下来？"孙晓叹着气说道。

与孙晓不同的是，技校毕业的小宋，还没到毕业季，就有许多用人单位来争抢，工资开到了5000元，并且承诺每年都会加薪，还有像话补、饭补、全勤奖等等。

第七章

创业与就业

"我是学数控专业的,当初很多人觉得当车工又累又脏,不愿意选这个专业。其实我们这个专业的工资待遇挺不错的,比一般的大学生高多了,并且工作非常好找,都是我们挑单位。如果我们介绍同学去还有额外的奖励。"

就业市场上一方面是大学毕业生的就业难,一方面是部分企业的用工荒,这样冰火两重天的现象越演越烈。为什么用工荒和就业难能够并存呢?

可能有人会想,用工荒是缺少劳动力,就业难反映的是劳动力过剩,二者综合起来不就能把问题解决了吗?而事实上,这两个劳动力是不可同日而语的,此劳动力非彼劳动力。

用工荒缺少的是产业工人,从事的主要是工业生产活动。而就业难中找不到工作的人,主要是管理类工作,或者是技术创造方面的白领,他们不愿从事也能不胜任这类工作。

就业难和用工荒之所以能够并存,其主要原因就是结构性矛盾,结构性矛盾反映出经济发展方式与教育体制等方面的诸多问题。

长期以来,我国的经济结构停留在比较低端的层次,经济的增长带来的就业机会大多是生产型岗位,这只给产业工人提供了大量的就业机会,却没有给大学生创造太多岗位。所以就业市场往往会出现农民工、技术工人用工荒而大学生就业难的问题。

现在我国经济从高速增长到增速放缓,新常态下的经济结构调整必然会带来劳动力需求的变化,但是劳动力供给与经济结构、产业转型、产业升级还没有很好地匹配起来。如果经济水平上升到一定程度,会对高端人才有更大的需求。

当前,我国到高等教育的模式难以适应当前人力资源市场的需求,在经济体系加速与市场对接的过程中,教育体系还是难以从供给为导向的模式转变过来,所以在课程设置、人才培养等方面很少考虑到实际市场的需求。

另外，大学生刚毕业对未来的期望值偏高，对就业的地域、单位性质、福利待遇及发展前景非常看重，但是在各种成本都不断上涨的今天，用人单位不愿承担过高的人力成本，这些都造成了就业的结构性矛盾。

想要解决就业的结构性矛盾，需要全社会的共同参与和全方位的深化改革。除了加快转变经济发展方式外，还要依靠科技的进步、劳动者素质的提高、管理创新的转变，把较低端的经济层次提高；同时，还要高校加大教育改革的力度，根据市场的需求及对未来趋势的正确判断增设并改变一些专业的设置，全面提升劳动者职业素质和就业能力，扩大就业，提高就业质量。

"就业难"与"用工荒"同时出现也和年轻人的就业观发生了改变有关。一位已经签好单位的毕业生小王说："其实，只要不是过分挑剔，找到一个工作并不难。"另一位已经拿到好几份 offer 的小徐说："只要你的专业知识真的过硬，人际交往也还可以，很容易就能拿到一份各方面条件不错的 offer。"

因为大学的扩招，我国 2004 年普通高校的毕业生人数为 280 万人。而到了 2018 年，我国普通高校的毕业生人数已经达到 820 万人。物以稀为贵，过多的毕业人数已经开始降低大学生的含金量。原来一个大学生有很多公司抢着要，现在情况已经发生逆转，一个工作都有几个大学生去竞争。如果在这种情况下，大学生还不转变就业观点，还一味地待价而沽，可能就会错失诸多良机。

此外，因为上了大学，多了不少可以自由安排的时间，于是一些同学就松懈下来，对待学业也不像大学以前那样拼命了。经常会看到一些同学，上课逃课，没事呆在寝室玩游戏、刷手机，认真看书学习的反倒没有多少。不学习，你的知识从哪里储备呢？没有过硬的知识，用人单位凭什么多花钱找你呢？

第七章
创业与就业

现在已经不再是一张文凭走天下的时候了，用人单位更看重的是你的能力。跟那些已经毕业多年的人相比，刚毕业的你没有什么经验优势，用人单位看重的是你的潜能，是你未来能给公司带来的效益。

人才是发展的生命线，是城市发展的保障，近来全国各地都开启了抢人大战，就连北京都建立了优秀人才引进的"绿色通道"，广州计划 5 年投入 15 亿元为高层次人才提供住房保障、医疗保障、子女入学等方面的优良待遇。那么，大学毕业生怎样才能提高自己的能力，成为被争抢的对象呢？

首先就是结合自己的实际情况，给自己一个清晰的定位。现在很多毕业生不知道自己应该从事什么样的工作，对自己的"生涯"没有概念，更不知道自己的优势和劣势，对自己适合做什么、不适合做什么没有具体的概念。于是就随大流，就盲目跟风，不能根据自身的特点进行择业，不能根据实际的情况进行目标调整，最后造成就业问题越来越严重。

作为大学生职业生涯规划的第一站，刚毕业时的选择至关重要，它会关系到你今后的发展。毕业时，确定自己未来的职业，然后根据这个职业目标去规划自己的学习和实践。要充分考量自己的兴趣、爱好、性格、能力等，正确认识自己的长处与不足，进行科学的重组，最大限度地发挥知识的整体效能。

其次是提高自己的专业能力，增加就业的优势。现在每个行业都有自己的危机与机遇，只要你肯努力，把基础打好，再根据当前社会的实际情况把书本知识进行活学活用，你都能获得不错的回报。

最后要保持不断学习的习惯。现在我国的经济发展较快，知识的更新换代速度也很快，大学的知识结构已无法满足日新月异的社会需要，所以在工作中还要不断地给自己充电。不少人问，当前投资什么最挣钱呢？对于刚毕业的大学生来说，投资自己是最好的投资。

用工荒和就业难的出现不是偶然的，而是我国这个特殊时代发展的必然，如果政府不对这一问题做出合理的解决，那么这个问题还将继续长期存在。

公务员、事业编真有那么好吗？

"在干吗呢？出来玩不？""现在不行了，我在准备国考呢，等过段时间吧。"某天你会突然发现身边的同学、同事、朋友开始投入到国考的大军中了。

从2008年"公考热"席卷全国，到现在十多年过去了，等"公考热"依然如火如荼。虽然这背后有我国就业过程中存在的一些问题，如就业难、就业观念落后等，但是这么长久的红火也反映出公务员、事业编制的几个优点，这是很多考生为之奋斗的目的。

第一个优点就是有稳定的收入保障。中国的传统就业观念就是追求稳定，而公务员和事业编制，只要敬业、爱国、不违反国家纪律，基本上不用担心裁员下岗、被人抢饭碗，俗称"铁饭碗"。我们大多数人都是平凡的人，不追求大富大贵，只是希望一生平平安安，这样的"铁饭碗"让人心动，尤其是一些长辈。另外，公务员有完备的养老、医疗保障，解决了人们的后顾之忧，符合大众的心理趋向。所以，"公考热"多年并未消退，人们追求稳定的收入来源也是一大重要原因。

第二个优点就是公务员、事业编制的职业是受人尊敬的职业，已经得到社会普遍的认可。中国几千年的观念就是"士农工商""学而优则仕"等等，这些都说明古往今来"官"是受人追捧的职业。虽然现在各行各业都是人才辈出，但仍然没有从根本上改变"学而优则仕"的观念。因此，选择一份大众认可的职业可以提高自身地位，获得精神上的满足。这从目前社会上公认

第七章
创业与就业

的择偶观就能看出，公务员和事业编制能够获得更多的优势。

第三个优点就是目前公务员、事业编制的薪资水平在我国处于中等偏上程度，并且劳动强度也不算太高。这与目前许多就业市场上的高薪伴随着高强度、高压力、高风险相比，性价比还算是比较高的。

第四个优点就是公务员、事业编制的工作时间有规律，朝九晚五，除了特殊的岗位基本不会加班，并且还有各种假期。这样可以在休息时间安排学习、进行自我提升，有的单位对于在职教育还有学费的补贴，这样还能减轻个人的经济压力。

上面大概分析了公务员、事业编的好处，我们再来看看选择这些职业的成本。首先我们算算直接成本。在我国，报考公务员、事业编一般报名费不超过百元，对于目前的经济水平来说，这个费用可以忽略不计。有人可能会说还有培训费呢？但这个费用并不是所有报考者都必须缴纳的，所以这里不算在成本中。

其次再算算机会成本。目前我国的国考、省考对在职人员也是开放的，你可以一边上班一边准备考试，只要在考试时请几天假就行了。如果考试通过，你就可以辞职；如果没通过，仍然可以回去上班。从经济学角度来说，这个机会成本是零。

一般而言，而经济学认为，任何行业成本和收益应该是一致的，付出的成本越高，所得的收益也越高。然后我们看到，在我国公务员、事业编领域却并非如此。这两个职业，成本可以忽略不计，但是如果考上收益却很丰厚，这样好的投资谁又能拒绝呢？所以才会出现十几年如一日的火热场面。

但是公务员、事业编真的有那么好吗？一篇名叫《"我今年36岁了，除了收费啥也不会"》给火热的现象浇上了一盆冷水。人到中年，突然发现，稳定了半辈子，却失去了最基本的生存能力，这难道不是体制内的悲哀吗？

在我们追捧公务员、事业编的时候,不妨静下心来仔细考虑以下几个问题:

首先,公务员、事业编的收入虽然稳定,但是稳定的绝对值是多少?大多数稳定的工作,年薪在5-10万之间,我们就按10万元计算,30年工龄,一辈子可以赚的钱就是300万元。哪怕不吃不喝,这些钱在一线城市买个好点的房子都很难,更不要说品质生活、给孩子提供好的教育了。

我们都知道货币基金的收益稳定,但是没有多少人愿意把全部资产都投到里面,因为它的收益太低了。同样,工作也是这样,你期望的稳定工作就是人生中的"货币基金"。当然,在你的能力还不够时,稳定还是第一选择,但是如果你有足够的能力还做这样的选择,那就是一种浪费,是对自己人生的不负责任。

其次,公务员、事业编这个火热的现象到底还能存在多久?很多时候,我们对未来的判断是基于以前的经验,然而现在的世界变化这么快,这种线性的经验主义又能给你多少保障呢?

在1995年以前,我们认为国企是最好的,于是都往国企中挤,结果碰上国有企业改革,下岗大潮来临。之前听说,有人花了几十万元,疏通关系,进了一个好单位,本来以为几年就能收回成本的,结果碰上了企业改革,本还没收回来就下岗了。

在2005年以前,我们认为外企是好的,于是都往外企挤,结果现在外企一个接一个裁员并退出了中国。随着中国产业结构的调整,很多外企已经在慢慢远离中国。

现在的公务员、事业编也在发生着改变,公务员的终身制开始被打破,养老金也开始并轨,并且收入也开始"阳光"了。在你准备进入之前,应仔细看看这些变化,做选择的时候不要盲目跟风,要看看是不是适合自己。

| 第七章 |
创业与就业

在这个变化的世界，没有什么是一成不变的，如果你还抱着一辈子只端一个饭碗的观念不放，那么可能最后你连碗都没有了；如果你还认为波动性、随机性、不确定性是坏事，想方设法地去消除它们，你将会越来越失去竞争力，就像那个36岁将要下岗的高速公路上的收费职工，"除了收费什么都不会"。

在这个快速变革的时代，需要的是我们主动拥抱波动和风险，提升自己的抗风险的能力。

最后，公务员、事业编需要付出的代价是什么？这个代价你能承受吗？他们说体制内的关系太复杂，说话做事都要谨小慎微，哪怕是座位都是有讲究的；他们说体制内的工作很郁闷，一个简单的合同都要走上几个月，要跟各个部门相互扯皮；他们说，体制内的人都放弃了个人的成长，在那个岗位你还有价值，但是失去那个岗位后就什么都不是了。

在体制内呆久了，你会发现自己已经没有了核心技能，没有了竞争的能力，离开了工作的那个平台你还能做什么呢？这是很多体制内人的痛点。很多人才进入到公务员、事业编系统后，棱角慢慢被磨平，也丧失了进取心，通常一杯茶、一张报纸就能度过一天。所以一旦进入，尽量就不要出来了，因为你吃不了苦，又干不了高智商的营生。

公务员、事业编也不过是一份职业，都有自己的好处和弊端，到底适不适合自己还得看具体情况决定。不过，无论是哪份职业，我们都要为自己的未来未雨绸缪，多做一个打算，让我们在遇到变化的时候多一个选择。

众筹是个坑，跳进去就倒霉

"1000元就能开餐厅当老板"，这句众筹的口号打动了小蒋的心，"这个创业方式很适合我这样的人啊，不用花多少钱，也不用花时间去管理，就能体验一把创业的激情,以后带朋友去自己入股的餐厅吃饭,除了能打折外,还特有面子。"看着电视大屏幕上播放的餐厅经营理念、运营模式、众筹设想、股东权益、菜品海报等等精美图片,小蒋笑得很是开心。

可是接下来发生的事情却让众多投资人气愤。在股东不知情的情况下,创始人小潘把餐厅委托给了第三方公司经营,并且所有款项都直接进入了第三方公司的账户,最后公司因为拖欠水电费、房租,餐厅被物业公司关闭,结局就是小蒋跟其他股东一起去维权,警方也介入了调查。一场众筹的盛宴就这样草草收场了。

作为一种向大众融资的新兴方式,众筹模式从诞生之初就一直颇受社会各方关注。众筹是什么?众筹就是大众筹资或者群众筹资,是指一种向群众募资,以支持发起的个人或者组织的行为。众筹利用互联网和SNS等社交平台,让小企业家、艺术家或者个人对公众展示他们的创意,争取大家的关注和金钱的支持,进而获得自己所需要的资金援助。

想要避开众筹的坑,我们就要知道众筹的运作模式。我国的众筹主要分为两类:一类是线上网络众筹,这类众筹是基于第三方独立的众筹网络平台进行的众筹。这种模式根据项目发起人(融资方)给投资者的回报不同,分为股权众筹、奖励众筹、公益众筹和债权众四种类型。

另一类是线下众筹,是主要依据线下社群进行的众筹。线下的众筹的模式主要有会籍式众筹咖啡馆模式、房产众筹模式、酒店众筹模式。

不少想要进行众筹创业的小伙伴觉得众筹其实挺简单的,就是提出自己的点子,做一份好的项目规划书,讲一个好的故事,然后就有资金源源不断地涌来,最后大家一起分享投资的丰厚回报。

天下没有免费的午餐,作为一个两手空空的创业者,众筹不是屌丝逆袭。如果没有做足充分的准备,你有可能空手而归,甚至还得面临一系列"众筹

第七章
创业与就业

后遗症"。有可能你的项目会胎死腹中,你的产品也可能由此无人问津。

即使你的项目很好,你也做好了准备,并且拉来了众筹资金,但是成功收回成本的机会也不大。就像本节开头所举的例子,一个非常好的项目,最后还是运作失败了,作为项目发起人的小潘也受到了惩罚。

这不是危言耸听,众筹可以成就你,也可能毁灭你,一不小心你就会掉到众筹的坑中。众筹只会锦上添花,而不会雪中送炭,如果你只是一个没钱的初创公司,你的项目不会受到青睐,很少有人会去投你的项目,更不要说那些已经成精的天使投资了。

有些初创公司,为了诱使更多的用户投资自己的项目,设置了丰厚的回报,例如,价格为100元的产品,众筹时只要80元就能拥有,这就导致了支持者越多,发起人就亏得更多的情况出现。并且众筹成功以后,这些资金也不会马上就给到发起人的手里。为了防止项目流失,一些众筹平台会截留大部分款项,直到实物交付后才交给发起人。所以,如果你缺钱的话,众筹是帮不上你的。

此外,创业并不仅仅只有资金的问题,筹集资金只是万里长征的第一步。很多众筹的参与者都不是项目的行家,大多都是没有创业的成功经验的,可以说也是摸着石头过河,对项目怎样操作、资金怎样运作也是一窍不通。创业的成功率本身就很低,投资者又是那么多,很容易就某个问题产生分歧,最后创业在内讧中走向失败。

还有一些网站和骗子利用众筹进行诈骗活动。他们利用你想要筹集资金迫切的心情,告诉你你的项目有×人看上,能筹集×钱,然后让你去开会,让你交钱。想想那些资金你去了,然后被拉如一个××大会,最后你没为自己的项目筹集到资金,反倒给骗子的项目筹集到了资金。这些坑我们不得不防啊。

"众筹"创业不能仅凭一腔热血,也不是有了一个好项目,筹齐了资金就万事大吉的,还要面对诸多不可预测的麻烦与风险。如果想"众筹"创业,你一定要小心谨慎,做好充分的准备。

随着众筹从概念逐渐变为实践,现在众筹面临的法律问题也已经转向了操作层面,具体说来就是如何操作、如何平衡股东与众筹公司的利益。作为一个投资者,你又该如何预防股权众筹的那些坑,才能保障自己的投资权益呢?在投资众筹之前你要了解清楚。

坑一:在股权众筹中股东的身份没有直接体现。

如果是委托持股模式,工商登记中只显示实名股东的名字,众筹股东的名字将无法体现。虽然从法律上说委托持股是合法的,但是还需要材料证明众筹股东有委托过实名股东。大多数时候,这种委托关系是股东间的内部约定。如果没有书面文件或者其他合法证据,到时众筹公司和实名公司不认可众筹股东的身份的话,那么众筹股东将有口难辩,在投资时要提前预防。

坑二:众筹股东无法参与公司经营。

虽然众筹股东是公司的股东,但是在大多众筹项目中很难行使股东的权利,不能亲自参加股东会,不能进行表决和投票。这样的话,他们的利益又怎样得到保障呢?众筹公司收了股东的钱,不诚心为公司办事,不努力把公司经营好,或者把公司的资产挪为己有,这将使股东的利益无法保证。

坑三:众筹股东无法决定是否分红。

大家参与众筹,就是想获得盈利。可是,公司法并没有规定公司有可分配利润就必须分红。如果盈利了众筹公司不愿意进行利润分配,即使公司账上有大笔的税后利润,众筹股东也无法拿到。众筹公司随便以一句"那些利润是要用于公司的再投资的",就能把众筹股东给打发了。

坑四:入股方式随意化。

第七章
创业与就业

现实中的股权众筹常常很不规范。比如，有时朋友张罗说要股权众筹，项目没有看到、公司没有看到、文件没有看到，众筹的款项就打到了发起人个人的银行账号里了。而对于这笔款到底是什么性质，谁都无法说清。

所以，众筹股东在掏钱之前必须要先弄明白你付出投资款到底想获得什么？如果是股权，代持协议或入股协议签了吗？股东投票权怎么说的？分红有保障吗？只有把这些东西用法律的文件明确下来，才稍微有点保障。及使是亲人、朋友也是先小人后君子，提前把这些明确下来，以避免一些不必要的麻烦。

坑五：把自己当作风险投资人。

绝大多数众筹的股东都是普通老百姓，不可能有大量的资金去投资很多个项目，一般也就只够投一两个项目的，如果把这一两个项目干砸了，那就是血本无归了。另外，普通投资者对项目的商业可行性缺乏专业的判断，也增加了投资的风险。

众筹是个新生事物，虽然最近很热，但是还存在着很多的坑，不管是众筹项目的发起人还是众筹项目的投资者，我们都要小心谨慎，避免掉进坑里。

第八章

环境与资源

"过去环境好"其实是种错觉

"真想回到小时候,那蓝天白云,那青草绿地,小河里的水清澈见底,井里的水甘甜可口,不用担心尾气和雾霾,不用害怕毒水浇灌的大米……"

每当有讨论当下环境问题的新闻时,我们总能够在下面看到类似的留言。在留言者对过去的怀念中,我们看到了人们对于当下环境问题的不满。客观地说,当下的环境确实有很多让人看不过去的地方,但回到过去就真的很好吗?其实也未必,在笔者看来,所谓的"过去环境好"不过是人们的一种错觉。

第八章
环境与资源

年龄大的读者可以回忆一下，比较年轻的读者则可以找一找过去的报刊。

先说空气问题。三十年之前，中国大城市确实没有雾霾，尾气问题也很少，然而那时候中国北方一个严重的问题是沙尘暴，几乎每年春天北方城市都要经历一场沙尘的洗礼，尤以华北和西北为甚，而最近几年北京的沙尘天气一年才不过几天。到了冬天，北方城市又要经历一场煤炭的洗礼，因为过去取暖燃煤的排放系统是不经过处理的，有些地区甚至无法实现集中供暖，所以空气中总是弥漫着一种煤灰的味道，甚至于窗台地上每天都会落上薄薄的一层粉尘。

再说水问题。最近几年，河流污染、地下水污染确实比较严重。然而三十年前这些问题就不存在吗？应该说比现在还严重。三十年前我们还没有能力污染深层地下水，但浅表地下水就已经开始污染了。三十年前，我们很多地区还没有办法进行垃圾集中处理，就只能四处排放，很多城市的河流也因此变成了"生人莫近""臭气熏天"。最近几年，从南到北的城市内涝确实都很严重，然而三十年前类似的问题却也频繁见诸报端。倒是城市缺水问题这些年得到了一些改善。

再说资源问题。有人说三十年前河里有鱼有虾，这是没错的，但说的是农村，因为那个时候农村还没有发展起来，还处于原生态农业状况中，不光有鱼有虾，有些地方还有野生的螃蟹、甲鱼、贝类。然而这能说明什么问题呢？要知道，三十年前，大海可是差一点被我们给捕捞得一干二净的。

改革开放之后，最先富起来的一类人就有渔民。因为他们有先天的便利，很多人都去大海里淘金，也因此才有了"下海"一说。所谓"撑死胆大的，饿死胆小的"，这种全民"下海"的后果就是沿海鱼虾无存，直到今天,我国生产的黄花鱼、对虾都只能依靠养殖,可见当时对于资源环境的破坏之大了。

可以这样说,当下的环境确实有很多不如意的地方,但因为不如意当下就说"过去环境好"则未免有失偏颇。当然,笔者并不是为环境问题开脱,只是我们在讨论环境问题的时候必须客观地看待事物。而对于环境问题,笔者认为最先要搞清楚的就是,我们的环境问题到底从何而来。

环境问题从何而来?下面这个小故事或许能给读者一个答案:

孜孜躺在妈妈的怀里,听妈妈讲小时候的故事。孜孜发现妈妈的腿上有一块伤疤,便问妈妈伤疤是怎来的。妈妈对孜孜说是从放上摔下来划破的。那是一个夏天的晚上,孜孜的妈妈和外婆在房顶上睡觉,看着满天的星斗,听着附近蟋蟀的声音和远处男人们的打牌声,孜孜的妈妈进入了梦乡。外婆看孜孜妈妈睡着了,于是悄悄地去看别人打牌,没想到孜孜妈妈睡觉不老实,一个没留神就从房顶上摔下去了。

孜孜听了妈妈的故事,不解地问妈妈:"为什么夏天要去房顶睡呢?"

妈妈回答说:"因为房间里太热呀!"

"那么,为什么大家不开空调呢?"孜孜问道。

三十年前的夏天,很多人家里连电扇都没有,更不用说空调了,到了夏天只能忍着到后半夜才能渐渐入睡。三十年前的中国,很多人一个月也洗不了一次澡。三十年前的中国,大多数人出行都要靠自行车,旅游是少数人的专利,和远方亲戚只能用信沟通,普通人从沈阳到云南探亲都要准备大半年。三十年前的中国,家家都还备有水缸,以备不期而至的停水。三十年前的中国,一般人一年只有两三件衣服、两三双鞋……

| 第八章 |
环境与资源

大家再看一下我们现在的生活，家家都有空调、冰箱，不用再忍耐酷暑的考验；普通人至少一周洗一次澡，喜欢干净的人甚至一天一次；骑自行车不再是一种生活而是健身，每个人都规划着自己的旅游计划，从北京到曼谷也能说走就走；每个人的衣橱里都装满了衣服，一个季节替换的衣服比过去一年的还多，每个礼拜消费的副食品就能赶上过去一年……

我们的生活变得越来越好，但这种变化不是没有代价的，代价就是工业的发展所造成的环境问题。全国人民开空调，就必然要忍耐城市热岛效应，大家都坐汽车、坐飞机，空气质量下降就是在所难免，工厂开工让每个人都能赚到钱，就必然会给环境带来负担……

所以可以这样说，环境问题是由发展造成的，我们每个人都享受了发展的成果，也就必然要背负发展所造成的负担。

面对环境问题，我们不能去抱怨工厂、抱怨商人、抱怨官员，其实该为环境问题负责的是我们每一个人。这么说不是为有些人推卸责任，而是说，面对环境问题我们不应该去抱怨，而应切实寻找到解决环境问题的办法，并坚持按照办法去做，利用我们已经鼓起来的钱包把环境问题治理好。

在环境问题面前，一味地抱怨社会、抱怨他人，用"过去环境好"这类语言来抨击当下，是很不负责任的行为。这就像是喜欢吃榴莲，但又不喜欢榴莲的气味，把榴莲吃掉了反过来说榴莲把你身上弄得都是臭味，这是不聪明也不厚道的。

环境问题，既要钱又要命

环保问题因为发展而产生，既然要发展，就不能不让社会做出一些牺牲来，环境问题就是牺牲名单中重要的一个。

有人说，发展应该与环境保护同步，这句话没有错，但在经济基础薄弱的时候，温饱问题尚且解决不了，经济发展和环境保护就成了鱼和熊掌，到底是牺牲前者还是后者，相信任何人都能做出正确的选择。

现在，我国经过了四十年的发展，可以说经济方面已经有了足够的积累，所以现在提出解决环保问题可谓恰逢其时。

环保问题不能不解决，因为它关系到的不仅仅是观瞻，还切身关系到我们每个人的健康和财富。

仅以雾霾为例。据联合国环境机构统计，全球受大气污染影响所造成的经济损失每年高达2.6万亿美元，其中尤以我国最为严重。具体到我们每一个人，雾霾更给儿童和老年人造成呼吸疾病、给中青年人造成了慢性病的威胁。

空气是这样，水资源、土地资源等莫不是如此，环境问题已经成为威胁我国社会健康发展最严重的问题，用迫在眉睫来形容一点也不为过。

既然环境问题如此严重、影响如此恶劣，那么干脆既治标又治本，全社会集中精力将它彻底根除！相信肯定有些读者会抱有这样的想法，但笔者要告诉大家，这样的想法其实是错误的。

环境问题要钱要命，所以必须要治理，然而，如果治理不好，那治理环境问题也反过来会既要我们的钱也要我们的命。

要钱这一点很好理解。治理环境代表着生产成本上升，而生产过程中的成本上升必然会转嫁到社会每一个消费者头上。

比如，我们保护水资源，关停小造纸厂，那么纸张的价格就会上涨，纸张价格上涨，图书、培训资料、宣传单等纸质印刷品的价格就会上涨。

政府解决雾霾问题，关闭掉很多重工业厂矿，地方税收就会受到影

第八章
环境与资源

响。一地的税收减少，当地市政建设、教育支出、医疗支出等财政支出就必然减少，进而会影响到每一个人的生活。

从经济学的角度讲，发展是要有环境成本的，所谓环境成本是指在某一项商品生产活动中，从资源开采、生产、运输、使用、回收到处理，解决环境污染和生态破坏所需要的费用。

而解决环境问题无疑就是要社会对环境成本进行分摊，这可不是一笔小钱，如果真像有些读者想的那样"一刀切"，那么大家的生活水准肯定是要倒退的。

解决环境问题要钱是明白无误的了，那么要命又是怎么回事呢？

我们要知道，安置一个社会最多人就业的是工业，而对环境破坏最严重的也是工业。解决环境问题，以工业开刀，这是题中之义。然而，工业的改革就意味着一大批人失业，这是十分严重的问题。

北方城市以重工业为主，南方城市以轻工制造业为主。这些行业多则安置数万、数十万人，少则安置数千人。对这些行业进行改革，去掉一些能耗高、污染严重的企业，确实能够对环境起到一定的维护作用，但因此而失业的成千上万工人的生计该怎么解决呢？

有人说，他们可以去找别的工作，这就是典型的"何不食肉糜"了。如果这些人真的有能力进入别的领域，他们还可能去从事劳动密集型的制造业吗？

有些人说，他们可以学习新的技能，进而转到第三产业去。要知道，如果进行行业改造，失业人群中首当其冲的就是学习能力差的中青年人，这些人接受新知识新技能的能力是很差的。退一步讲，即便这些人真的能够转变社会角色，可是在改革的大潮下几乎所有行业都是在萎缩的，哪里有空余的岗位来安排他们呢？

有些人还会说，这些人可以去创业。要知道，创业是一个高难度的工作，不是一般人做得来的，而且，创业所负担的成本绝不是大多数人能够付得起的。我们看到很多年轻人在年轻的时候脑袋一热就创业，结果创业失败了，赔的钱需要数年或十数年才能翻过身来。年轻人尚且如此，人到中年社会压力倍增的人哪有创业的勇气呢？

一个工厂员工的失业，可以让其他工厂消化掉，但如果是对整个行业的改造，则恐怕没有哪个城市说能够让失业人员都得到妥善的安置了，而这正是要命的地方。

环境问题的解决，需要整个社会负担成本，但成本压力最先给到的却是最底层的劳动者，这无疑是不公平也是不现实的。

所以，解决环境问题是一个大工程，不是北上广都市白领坐在办公室异想天开就能实现的。作为我们普通人，所能够做的就两点：一是积极响应国家和政府的号召，从自身开始增强环保意识和环保行动；二是不做"键盘侠"，不盲目斥责环保不力的行为，要给社会充分的时间。我们的社会用了四十年将中国从穷国变成富国，相信我们可以用更少的时间将剩水残山变成绿水青山。

最后，需要讲一个题外话。很多人认为既要发展又要环境的捷径就是发展旅游业，在这里笔者从一个经济学者的角度告诉大家，发展旅游业是极高难度的经济行为，除了要具备天时地利人和之外，还要行政者具有超高的智慧，而在我们今天的社会，这样万事俱备的城市似乎并不多见。

读者如果不信，可以看一看我们当今的旅游业现状，虽然旅游市场持续火爆，但境内旅游可以说是一片乱象。而且，即便是在旅游市场如此火爆的情况下，我们也没见几个真的能够以旅游业为支柱产业的二三线城市，有的也只不过是偶尔几个中小城市。

第八章
环境与资源

就眼前来看，人民想要富足，城市想要发展，依然要依靠制造业。如果盲目发展旅游业，为了发展旅游业而上马各种项目，笔者在这里做一个大胆的预判，很可能就会成为开发商、地产商的"盛宴"，等这些人把钱赚到手之后，留给当地人民的就只剩下"一地鸡毛"了。

罚款罚不出好环境

环境问题不是今天才有的，解决环境问题也不是今天才提出的，但为什么直到最近我们才看到环境有好转的迹象呢？

一方面在于，经济底子的深厚让政府有能力大刀阔斧地进行问题处理，对因为解决环境问题所产生的成本也能够从容应对。第二方面在于，政府在解决环境问题的思路上有所转变，从之前的"以罚代管"转变为了现在的"罚管并重"。

什么叫"以罚为主"呢？简单来说就是对污染环境的个人和企业进行惩处性罚款，罚款之后就很少有后续行动了。所谓"雨过地皮湿"，罚款不但不能解决问题，反而助长了对环境的破坏。

以前，我们经常能够看到类似的新闻：执法部门对某企业污染环境的行为进行惩处，开出巨额罚单X万，执法部门强调……。

这样的新闻从来不说后续的结果，因为后续的结果是，交完罚款的污染企业照常营业，环保部门不再追问。笔者就记得曾经有过这样一件让人啼笑皆非的事：

十年前，行政部门曾经叫停高尔夫球场建设，原因是高尔夫球场污染环境、浪费资源，然而在这之后的几年里，全国新建的高尔夫球场却不下数千家。这些球场有些曾经被短暂叫停，但在缴纳一定数量的罚金之后又

得以重新建设、重新开放。以至于到后来，高尔夫球俱乐部干脆把这项罚款算作公司的运营成本，就当"用钱买了张牌照"，而有些地区的环保部门也乐得有这项收入进账，大家一来二去反而形成了默契。

从这件事我们就能看到一个尴尬的事实，那就是曾经有一度我们的执法部门对于造成环境污染的企业和行为仅仅是罚款了事。笔者说句诛心的话，从企业的角度讲，也不过是把行政执法部门的罚款看作是一笔"买路钱"，钱交上去之后，行政执法部门便不会再来"找麻烦"了，至于污染环境的问题，该怎么样还怎么样，没有人会关心。

由此，我们就不难理解为什么在之前那么长时间里我国的环境保护问题被社会广泛重视，却总是得不到解决的原因。我们不是没有相关法律，也不是没有执法部门，而是执法根本就不到位。

再往深处追查下去，结果更让人啼笑皆非，为什么环保部门执法不到位？因为有些地区的环保部门根本就是靠罚款来"养活"的。

还是在十年之前，某市有一家食品加工厂，该厂所排放的废水废渣对当地环境造成了恶劣的影响，当地居民不停向上反映，而每次环保部门都是罚款了事，连关停的处罚都没见过。

当时，有记者对这件事感觉到诧异，于是到当地调查，发现了一个让人啼笑皆非的事实，那就是当地环保部门不但不关停该企业，还想尽一切办法帮助企业壮大发展，然后定期进行罚款。

当记者问为什么会这样时，一个熟知内情的执法人员回答了这样一句话："咱们这一大帮人还指望着那边的收入呢，没了那个厂子，咱们整个局都瘫痪了。"

据了解，该环保部门有职工上百人，这些人员都需要财政养活，但当地财政拿不出那么多钱，怎么办？就只有靠罚款来支撑了。没有罚款，环

第八章
环境与资源

保局就玩不转,而要罚款,就不能让企业关门,甚至于让企业改善都要谨慎,毕竟当企业不再造成环境污染了,那么罚款又去哪儿拿呢?

环保部门和污染部门居然形成了连环套,确实是一出活生生的黑色幽默。

好在最近几年,我们的政府执法思路已经有所转变。我们最近看到更多的是,环保部门不仅仅对某污染企业进行巨额处罚,还对其进行强令整改、关停或者干脆直接吊销其执照。这种整治力度之前是没有见过的,也得益于这种强硬的执法力度,我们的环境在数年间得到了不错的改观。

然而即便如此,我们依然要警钟长鸣,无论是我们普通人还是执法部门,都需要真正转变思路,不要再重蹈过去的覆辙了。

我们普通老百姓要做的是,相信执法部门,对身边的环保问题积极举报,参与到这场环保大运动中来。而执法部门要做的则是,严于执法的同时严于律己,不能让执法权成为罚款权,成为某些人寻租的工具。

环境问题是经济发展的产物,在工业化和城市化的过程中,自然资源被大量消耗,大量工业和生活垃圾被排放到自然当中,从而造成了极大的环境问题。从这个角度来看,我们可以把对自然的破坏看作是经济发展中所必需支付的成本。

成本必须是小于收益的,如果成本太大以至于大过收益,那么"这笔买卖"无疑是很不划算的,此时我们就必须要想办法控制成本了,而环保部门正是帮助社会把好这一道关的"门神"。只要这个"门神"不动摇,我们未来的美好环境是会得到保障的。

发展清洁能源谈何容易

发展对于自然的影响,一方面在于对环境的破坏,另一方面则在于对资源的过度使用。我国是一个资源消耗大国，然而我们却并非一个资源大国。

我们中国人从小就被灌输一种想法，那就是我们中国地大物博、物产丰富，资源应有尽有。有这种思想在，使得当代中国企业一直没有重视对资源的节省，在能源的消耗上面则更是不加节制。

"反正煤、铁这些东西我们中国多的是。"这是很多中国企业固有的想法，而长期以来保持这种想法，给我国经济带来的结果就是资源能源消耗过高，这就给我国的经济发展埋下了隐患。

改革开放四十年，中国经济取得了令世界瞩目的成就，持久高速的发展让中国从一穷二白变成了经济大国，经济总量位居世界次席，这骄人的成绩怎能不让中国人感到自豪。

然而，对于中国经济的发展，也有人持一种不同的观点。这些人认为，中国近二十年的发展很大程度上是依赖于廉价的劳动力和对资源近乎浪费性质的使用，因此中国经济发展迅速不假，但却并不一定健康，在其内部有着极大的隐患存在。

在世界权威机构发表的数据上，我们中国都是位居世界前列的碳排放大国。这些碳从哪儿来？就是从我们一家家工厂、一条条公路、一座座城市中来的。在全球气候变化的大背景下，作为碳排放大国，在每一次国际减排会议上我们都要遭受国际社会的非议，更有甚者被西方国家挖陷阱、使绊子，原因就是我们确实发展得太宽、资源使用得太多了。

资源使用得多，向我们昭示了中国经济发展的迅猛，可是在资源消耗大的同时，我们面对的另一个局面却是单位资源产能小，也就是资源利用率太低。

按照国际上通用的以单位GDP产出能耗来计算能源利用效率公式，

第八章

环境与资源

我国与发达国家差距异常显著。以最节省的日本为1、德国为1.5、英国为2.0、美国为2.5、加拿大为3.5，而我们中国则超过了10。虽然近几年随着政府越来越重视环保，使得我国在这一数值上有所减少，但仍远远高于世界其他国家。

可以说，我们是在用能源换发展，这种局面如果不得到改观，早晚有一天我们的发展将无以为继。幸运的是，我们的政府早就认识到了这一点，前些年，有一个热词叫作"低碳经济"，这个词的背后就是政府对于高能耗经济的担忧和思考。

所谓低碳经济，指的是在可持续发展理念指导之下，通过技术创新、制度创新、产业转型、新能源开发等多种手段，尽可能地减少煤炭石油等高碳能源的消耗，减少温室气体的排放，达到经济社会发展与生态环境保护双赢的一种经济发展形态。

把高能耗的经济类型转变为低碳环保的经济类型，既保护了环境又减少了能耗，这一举两得的事业我们一再坚持要做到。然而几年时间过去了，低碳经济发展的效果却并不十分理想。

我们以身边的小事为例：

最近几年，在政府的号召下，很多城市的出租车都从燃煤改为燃气，这一方面节约了能源，一方面也节省了日常费用。对此，司机师傅们很是赞成。然而，如果你问问他的私家车有没有"油改气"，相信绝大多数人的回答都是否定的。

"烧气没动力，车跑不快，而且发动机老出问题，谁改气谁是傻子！"一个私家车主这样说道。

就从这一件小事就能看出，低碳环保的号召是好的，老百姓也能明白这个道理，但具体到每个人的行为上，人还是以自己的切身利益为第一考

量的。其实这样考量无可厚非，就比如是在三伏天让读者不开空调硬挺着，相信很多人也做不到。

不光我们做不到，外国其实也一样。作为超级大国的美国，一直都走在环保的最前沿，然而美国人的日常用车的排量几乎都是我们的一倍左右，他们口口声声喊着环保，但到了自己身上也是一回事。

从国家层面也是一样，世界各国都在呼吁环保，但具体到本国的利益，每个国家又都在打着自己的小算盘。

对气候问题持续关注的读者应该还记得十年前的哥本汉根气候会议，在那次会议上，西方国家提出了数个减排方案。所谓减排就是减少碳排放，因为碳是导致气候变换的重要因素，工业发展和人类活动都需要排放大量的碳，所以减少碳排放对于防止气候变暖至关重要。

然而，就是在这次会议上，发达国家提出的方案却让人瞠目结舌。当时中国媒体有过报道，西方国家制定了一个总数，然后又给自己制定了一个数，至于发展中国家他们则没有限制。然而傻子都懂，总数减去发达国家自己的数，不就是发展中国家的上限吗？

这个数字是多少呢？发达国家要求分得今后碳排放空间的44%，那么他们的人口占地球多少呢？发达国家的人口是11%。这笔账算下来，发达国家人均碳排放是发展中国家的8倍左右。而且，发达国家还不提他们的历史排放要比发展中国家多很多这个事实。

国际社会如此，我们一个国家又能如何呢？虽然我们中国制定了雄心勃勃的能源计划，也意图在国际社会面前做一个表率，无奈国家体量太大，具体的低碳计划也只能一点点来。

这就像是清洁能源汽车一样，虽然我们没有办法让路上跑的车都改用清洁能源，但至少大部分出租车都实现了"油改气"，这不也是一个不小

第八章
环境与资源

的进步吗?

能源问题是残酷的,但在残酷的现实面前我们也只能一点点耐心地进行改革,要知道,开始着手做事情,哪怕只是一点点的进步,也好过什么也不做看着能源枯竭、污染无法治理。

正在被浪费掉的土地

在所有人都将目光瞄准到能源上的时候,有一种资源却遭受着更大的威胁,那就是我们中国人向来十分重视的土地资源。如果说能源问题是生产结构的问题,那么土地问题说到根子上则是人口结构的问题。

最近二十年,我国农村发生了翻天覆地的变化,乡村道路通畅了,外出务工的人多了,农民富裕了,农民却要离开农村了。从东到西,从南到北,我们能够看到的是大量的"空心村"。

所谓的"空心村"指的是一村青壮年劳动力全奔波在外,村里只剩下老人和儿童留守。那么,青壮年劳动力都去哪里了呢?毫无疑问是城市。

乡村中的农民放弃农村的土地奔赴城市打工,为城市建设做贡献,这是社会发展的必然。然而,当适龄劳动力进入城市之后,农村却呈现了一种史无前例的"撂荒"场景。大量的荒地没有人耕种,一向被中国人视为至宝的土地就荒凉地放在那里,真可谓"修了人家的房,荒了自家的地",这一场景让人感觉很无奈。

最近几年,尽管世界粮价涨声一片,但中国农民却表现得越来越不爱种地了。究其原因,很大原因是由于种地实在是太没有赚头了。

生活在都市里的人会说:现在蔬菜粮食价钱这么贵,农民们应该种田致富才对!可是农民真正的现状是怎样的呢?在蔬菜粮食贵的时候,农民

赚不到钱，而蔬菜粮食价格便宜的时候农民更要赔钱。在这种情况下，农民怎么能爱种地呢？

近年来，农民的生活状况的确得到了很大的改善，三农问题也得到了极大关注。现在国家大力扶持农业，已经给了农民最大的优惠，不但将农业税免除了，还给农民提供了大量补助。这样好的政策，农民却很少能感受得到。

一位农民这样说道："现在国家搞免交土地税，搞粮补、化肥补，很重视农业，但毕竟是'撒胡椒面'，是'调味剂'，不起什么作用。"听到这样的答案，我们不禁又要问上一句："为什么会这样？"因为种地的成本实在是太高了。

有人为老农算了一笔账。如果选择在家种地，那么他每亩地要投入500元左右，国家的各种补贴是120元左右，那么等到粮食成熟后他大概能收入2000元。刨去成本，他一亩地的收入是1600元左右，而他投入的精力却是30天。

而且我们再想想，各位的工资15年来翻了多少番，而粮食作物的价格15年又有怎样的变化？现在国家虽然说要加强对农村的改造和对农民的补助，但事实上小农经济仍然占我国大多数农村的主导地位。一个人种1到2亩地，产出值和投入值的差额接近于0甚至是负数。

对于个人来说，每年为农作物收入购买种子、农药、薄膜等等农作物生产工具，同时再加上人工，其实费用已经超出了这块地可能带来的收益。

而如果将这30天时间花在到城里打工，那么他的收入最少是3000元钱。这样算来，农民们怎么会爱种地呢？所以，但凡有能够走出农村的机会，农民们是一定不会选择把自己"拴"在土地上的。

| 第八章 |

环境与资源

而事实就是这么巧,随着经济的发展,城市化成了我国现阶段的社会主体。城市需要扩张,就必然需要建设,城市建设需要规模庞大的务工人员,而这些务工人员绝大部分都是之前在老家种地的农民。

所以,农民不爱种地,很大的一个原因是由于农民们为了改善生活水平,选择了收益更丰厚的进城务工。

除此之外,城市的生活方式也是吸引农民放弃土地而奔向城市的又一原因。

想必很多农民都说过这样的话——"在城里吃点苦也比在农村强""只要能在城里生活就不回农村"。

是的,城市有农村人羡慕的繁荣、比农村便捷的生活条件、更加完善的公共服务,城市是很多农村年轻人梦想的天堂,他们为了享受更好的教育资源、更加便捷的生活服务、更加丰厚的经济收入,奔向城市也就在所难免了。

再分析一下现在我国居民的年龄结构,我们会发现一个更令人惊慌的现实:未来十年,中国社会主要的劳动力将会是80后和90后,而这些人几乎都没有学过任何关于农业方面的知识,到时候即便想种地恐怕也没法种了。

未来,如果这个人口结构性问题不得到改善的话,土地的浪费现象只会越来越严重。然而,我们又不能够人为地将农民"拴"在土地上,未来这个问题如何解决,恐怕就需要执政者有超越时代的眼光了。

种地"高成本、高风险、低回报",进城务工收益颇丰,城乡资源巨大差异的存在,使得农民越来越不爱种地。

其实,如果种地可以得到更高的收入,在农村可以享受到城里的各种社会资源,社会氛围使农民成为一个受人尊重的职业,年轻人因为经营农业成为职业农民而得到社会的认可，又有谁会背井离乡离开生他养他的土地，到陌生的城市去呢？又有哪个农民会不爱种地呢？但如何实现这一点，将会是未来数十年全社会都必须思考的问题。

| 第九章 |
国企与民企

第九章

国企与民企

国企为什么很难搞好

现如今,不少国企都患上了"国企病"。什么叫"国企病"呢?用专业术语讲,其病因就是"出资人缺位"。

什么叫"出资人缺位"呢?说白了,就是人们不知道这个企业到底是谁出钱办的,也就是没有老板的意思。

所以,国企经营者做的事就叫作"花别人的钱,办别人的事"。

著名的诺贝尔经济学奖获得者弗里德曼说:"花自己的钱办自己的事,最为经济;花自己的钱给别人办事,最有效率;花别人的钱为自己办事,最为浪费;花别人的钱为别人办事,最不负责任。"

从中不难看出,国企就是不需要负责任的企业。因此,有人把国企看作是"二、三代"的提款机。

事实上,不仅是中国的国企有"国企病",外国的国企也同样有这种疾病——垄断资源优势,攫取全民利益,亏空的由全民承担,盈余的肥家族个人。

国有企业要搞好,确实是相当困难的。

要想知道国企为何搞不好,首先要知道国企的来龙去脉。我们先回顾一下20世纪80年代以来我国国有企业经历的两个阶段性改革。

第一阶段:扩大企业自主权和承包制。

自解放战争结束后,我国从苏联引入了一套计划经济体制,国有企业也应运而生。这些国有企业构成了我国第一阶段的改革对象。

在当时,国有企业的性质并不是现代意义上市场体系中的企业,而是一个纯粹的按指令生产的生产单位。更准确地说,当时的国有企业就是个"工厂"。

因为在那个年代,国有企业没有定价的权力,无论是要素价格还是产品价格,国有企业都无权自主决定,当然也没有定量的自由。在当时,国有企业产品的生产数量、规模大小,都是由上级计划部门下达指令的。这些国企是和计划体制相匹配的。

我国从旧体系到新体系的过程,说白了就是民众的知识慢慢累积的过程。当时,我国还没有出现"市场经济",而只是"有计划的市场经济"。当改革一经启动,就发现城市中的这种"工厂"已经与新的体系与市场经济不相匹配了。

但在当时,人们还没有认识到国有企业出现的问题,大家的眼界还只能停留在表象上,认为国企存在问题就是员工"偷懒"、没有积极性等等。

第二阶段:"抓大放小"。

如果说20世纪80年代初期,第一阶段的国企改革还有点主动性的话,

第九章

国企与民企

那么20世纪90年代第二阶段国企改革则纯属被逼无奈。

当时,我国国务院提出的方案就是"抓大放小"。

"抓大",是指对一批国有企业进行现代企业制度的改造。"放小",是指部分卖掉或部分关掉。当时定下了这个方案,但具体到各个国有企业该怎么处理就需要一个一个试了。

"放小",当时的官方用词叫作"关停并转"。这里有一个重要问题:无论企业是关掉还是卖掉,都要把国企的职工安置好。因为在当时的国有企业,政府和职工有一个不成文的规定,那就是终身雇佣。

如果国有企业要关掉,政府就要筹一笔钱对职工进行补偿。当然,对于那些原本就快要退休的职工容易补偿一些,可年轻的职工怎么办?

把国有企业卖掉也面临一个问题:卖给谁?因为当时的国有企业并不是一家两家的卖,而是一大批国企。原国企的管理层,就算手里有钱也不敢拿来买,否则会被追问钱来自何处。一些个体户赚了一些钱,但如果要找一批有钱的个体户来买国企也是很难的事。

或关或卖,都碰到一个"钱"的问题。为此,国家想到了两种方法解决:

一、按工龄买断,从此解除终身雇佣合约。对于这一点,不少年轻职工都同意,因为他们看到了"机会成本"。在合约解除后,他们能外出打工赚取更多的钱,同时还能拿到买断的一部分钱。那对一些四五十岁的职工怎么办?他们再找一份工作的可能性已不大,只能漫天要价。

二、模仿西方的股份公司,引入了现代企业制度以替代当时的承包制。从架构上看,就是在原有的国有企业制度上设置董事会、监事会、经理班子等机构。其雇佣合约也发生了变化,采用"老人老办法,新人新办法",新人不再签订终身雇佣合约。

这些问题很明显,就像开篇时提到的那样:国企在小范围引进现代企业制度后，仍然存在一个"出资人功能缺失"的问题。

国家是名义上的出资人，但"国家"是个集体，而不是具体的人。因此，国家并不能行使"资本家"的功能。

"资本家"有两个功能，一是选人，二是定价。

"出资人的缺失"所带来的第一个恶果就是对企业员工不公平。对人力资本来说，"定价"是一件很重要的事，但国有企业的人力资本"定价"总是不到位或扭曲的。现如今，国有企业的员工收入是高还是低恐怕很难说，有不少人的价格被定高了，但也有一些能力很强的人"价格"又被定低了。

大型国有企业的总经理，每年年薪能达到1000万元，这算不算多？没人能给出评定标准。为什么？因为这本来是应由资本家来确定的，但国有企业的"资本家"是缺失的。

现在，统一规定大型央企的董事长、总经理的年薪是不合理的，"定价"要根据才能和贡献大小来决定。而国有企业是不分青红皂白，统一制定一个价格。但大部分企业的改革又是直接削减这些人的年薪，这才是问题隐隐发作的原因。

"资本家"的缺失，对人力资本"定价"引发的扭曲恶果需要从长期来看。如果国有企业从事的业务活动是常规的，每年都需要重复，那么"定价"错误最多是影响到员工的积极性，让员工的成本高一点、利润少一点，影响并不算大。

而另一个更大的、更隐性的恶果就是国有企业的创新活动不能展开。无论是制度创新还是技术创新，都是没有先例的，必须要有很好的激励措施才行。而对人力资本定价扭曲，创新活动一定是被抑制的。

所以，大型的国有企业不可能有什么创新。而这些国有企业又把国家一些很关键的领域和行业牢牢控制在自己手里，造成了垄断，这对中国产业升

第九章
国企与民企

级和后继的发展危害巨大。

国有企业的"资本家缺失"所造成的问题,在各个阶段呈现出不同的特征。但在当前这个阶段,对创新的抑制是最致命的。认识到这一点很重要。

对这些大型国有企业的改革,"拆"不是重点,最重要的是把行政垄断打破,让民营资本能够自由进入市场。如果在这种局面下国有企业还能生存下来,这就说明国有企业制定的制度安排是可以的,根本不需要担心。

如果国有企业在竞争中没能存活下来,则说明它们是有先天缺陷的。如果"死掉",就采用原来的办法,关掉就是了。

除此之外,没有其他的方案能对这类"巨无霸"国有企业进行改制。

在当前阶段,对大型国有企业的改革不要直接动刀子改,而是要引入竞争者,打破行政垄断。只要对民营资本全方位开放,让一批新企业生成,把市场的活力和潜力激发出来,自然会打破当前的这个困局。

国有企业想搞好很难,但也不得不进行改革,否则国有企业的问题将越来越大,对市场的公平性也会有所影响。因此,国有企业的改革迫在眉睫。

国企改革为何那么难

不少人都感叹"国有企业改革难,难于上青天。"

其实,这就像小孩子的文化程度和性格容易被改变一样,只要让他学习就可以了。而成年人的文化程度与性格,则确实是很难改变了。

国有企业的改革也是如此。其内部存在的问题都是经过日积月累而不断暴露出来的,这些问题都不是一朝一夕就能改变的。

为什么都说"国有企业搞好了是偶然的,搞不好是必然的"?

因为国有企业改革的问题很多,其中又有不少问题是历史遗留下来的,比如企业的自主权问题、外部环境问题、管理水平问题和政策配套问题等等。当然，国有企业的改革何以如此艰难，关键原因还是以下三个方面。

概括地说就是历史包袱沉重、权力利益不清、观念更新困难。

一、国企改革包袱沉重，举步维艰。

这一点不难了解。我国的国有企业一直都是公认的社会主义公有制的最高形式。也就是说，国有企业"只能生，不能死"，包袱相当沉重。

国有企业工人名义上是企业的主人，但只能进、不能出。在计划经济体制下，国有企业工人是吃企业"大锅饭"的，而国有企业又是吃国家"大锅饭"的。这就造成只算政治账而不算经济账。

不管是中国还是外国，政府都把国有企业当作解决城镇劳动人口就业的重要载体，不少人都说，国有企业就是"谁家的孩子谁往回抱"，其结果就是绝大部分国有企业都人满为患。国有企业的人员冗杂，但效益效率始终不高，有些还在不断下降。

国有企业的老问题就是"高投入、低产出、效益差"。要知道，国家和社会的大部分资源都被国有经济占据着，其中还包括全国固定资产和流动资金的七成左右。

再来看看国有企业能给国家创造的财富。按照国内生产总值计算，也只有三成左右；按当年新增部分计算，只有两成不到。

绝大部分国有企业的效益之低、损失浪费之大，可以说已经到了十分惊人的地步。

劳动效率差的问题也一样。就拿生产钢铁和石油为例，我国国有企业与国外先进水平的差距着实过大。事实上，我国的国有企业是在用几十人甚至上百人去干人家两三个人就能完成的事情，成本价格当然要比人家高。

此外，我国由大量劳动力制造出来的产品质量也不比人家更好，拿什么

第九章
国企与民企

去跟人家竞争？现如今是市场经济时代，国有企业的产品没有竞争力，企业也就难以生存。

二、不调整权力利益格局就没有出路。

这些年来，我国国有企业从整体上看效益很差。但不可否认，也有一些国有企业搞得有声有色。问题是能把国有企业搞活的究竟有多少？如今，总结并推广的各种先进经验不少，也有不少优秀的企业家四处宣传，但它们又有多少参照性呢？

同样的经验，在 A 厂能行得通，在 B 厂就行不通；同样一个厂长，在 A 地就能施展得如鱼得水，在 B 地就束手无策；有的策略在短时间内很好，时间一长就变了。

为什么？除了经营者本身的素质之外，就是因为各地的条件不同。有的地方，主管部门实施宽松政策，放手一些；有的地方，各个方面伸手的都很多。这里就涉及到国有企业改革的另一个难点，即权力和利益格局的调整问题。

国有企业改革，并不是我找到几个好厂长，再总结几条好经验就能够改革成功的。最重要的一点，就是要建立起一套对该国有企业的管理和经营行之有效的规范与制度。

为什么从改革之初我们就极力呼吁政党分开、政企分开、两权（经营权与所有权）分开呢？根本原因就是希望国有企业可以真正走上自主经营、自负盈亏的道路。只有这样，国有企业才能真正具有独立法人资格，才能顺应市场需要，独立地进行市场经济活动。

三、国有企业改革呼吁理论突破与观念更新。

建立起现代企业的制度的确不是件容易的事。但如果连党政分开、政企分开这些问题都不能真正解决，我国的国企改革怎样才能真正走出困境呢？

回顾这几十年的改革开放历史，我们不难看到，每一步前进都是理论的

创新与突破，也都是观念更新的结果。不可否认，这是一个很艰辛的过程。

国有经济，即国有企业所占地位的问题是国有企业改革最重要的问题。过去，我们对国有企业的改革谨小慎微、如履薄冰，不敢越雷池半步。其主要原因就是担心有人会给主张改革的人扣上一顶"削弱公有制、违背社会主义"的大帽子。

然而到了今天，市场竞争本身就符合优胜劣汰的规律，我们可以把大批效益差的国有企业淘汰出局。国有企业的问题，已经不是该不该进行改革的问题，而是该如何改革的问题了。

国有企业的改革，已成为牵动整个市场经济大局的问题，一切都迫在眉睫。

如今，我们面临许多理论与观念上的难题。其中一个最大的难题，就是"国有经济的比重是否越大越好"。换句话说，就是我们能不能用一个简单量化的概念来确定社会的性质。再直白一些，就是能不能以国有经济比重的大小来划线？

目前，国有企业的改革已经严重滞后，拖了整个经济改革的后腿。而国有企业改革的滞后，在很大程度上又是由于我们的意识形态受到某些传统理论和观念的束缚所致。

这些年，不管是所有制问题还是市场经济问题，包括今天谈到的国有经济的比重问题，几乎每一步改革都是经过深思熟虑，经过长时间的争论和反复才决定的。

因此，我们在进行国有企业改革的同时，一定要坚持解放思想，认真研究一套既符合市场经济原则又切实有效的改革措施。国有企业改革的核心，就是要搞制度创新，要在体制和机制上彻底解决党政不分、政企不分和两权不分等问题。

第九章
国企与民企

在迅速关停一批严重亏损企业的同时，也要扭转如今国有企业的被动局面，从根本上实现理论上的突破和观念上的创新，从而彻底解决国有企业的问题。

在国有企业改革进入深水区后，突破体制障碍的焦点大多指向了具有资源和市场垄断地位的大型国有企业。其主要原因与产权制度问题有关。

目前，产权制度的改革缺少明确的法律体系，更缺少双向监管的制度。

我国的国有企业，不管是组建的股份制有限责任公司，还是垂直一体化的集团公司，在其经营过程中，国有企业的家长式行政化管理其实并未因股权多元化而得到改变。这一点，在石油、电力、电信、民航和铁路等重要领域表现得尤为突出。

国有企业的这一现状，在发展混合经济的过程中造成了决策缓慢、顾虑繁多、瞻前顾后、不敢创新等局面。于是，国有资本在很大程度上效率和盈利能力都开始下降，最终导致产权制度改革的目标与结果相背离。

因此，国有资产和国企领导的绩效考评机制应当做出相应调整，建立"企业主动参与市场竞争中的试错"的机制。

国有企业的改革很困难，不是一天两天就能完成的，国有企业的改革问题也是一个世界性的难题。对于国有企业的改革问题，我们应当既有决心又有信心，这样才能让国有企业真正发挥出国民经济支柱的重要作用。

国企才是国之命脉

近年来，我国的民营企业在政府的扶持和自身的努力下取得了蓬勃发展。在国民经济中，民营企业也发挥出越来越大的作用。

民营企业是指民间私人投资、经营、享受投资收益和承担经营风险的法

人经济实体。民营企业已经成为我国经济发展、技术创新、市场和谐、社会繁荣、对外开放和推动国有体制改革的重要推动力，也是扩大就业与经济增长的基础。

自改革开放以来，我国的民营企业从无到有、从小到大、从国内到国际，实现了蓬勃发展。其经济大力增长，竞争地位也不断提高。

现如今，民营企业在国民经济中的作用显著增强，已经发展成社会经济发展的重要支撑力量。

民营经济是市场经济最富活力、最具潜力、最有创造力的重要力量。这么说一点也不过分，因为民营企业在吸纳就业、创造税收、促进经济发展等方面都起到了不可替代的作用。

在我国经济进入新常态的时代中，民营企业成为了经济发展领域的一大亮点。

数据显示，民营企业对我国国内生产总值的贡献率高达六成以上，并提供了八成的城镇就业岗位，同时吸纳了超过七成的农村转移劳动力，新增的九成就业人口都来源于民营企业，其税收占了国内经济的一半还多。

不可否认，民营企业对我国国内生产总值的贡献已超过了半壁江山。

随着国家对民营企业的支持力度不断加大，民营企业的发展也进入了快车道。民营企业为社会财富总值贡献度极大，民营经济创造的国内生产总值占比也已经从改革开放初期的1%迅猛发展到2015年的五成以上。

不少省份，如河南、浙江、辽宁、河北、福建等的民营经济产值也已经超过了六成，甚至高达七成以上，民营企业对国内生产总值的贡献率在六成左右。

民营企业已经成为我国税收的主要来源。

在经济转型的背景下，民营企业将其发展活力大大表现了出来。从税收角度看，全国税收的五成以上都来自于民营企业，这个数字也超过了国有企业的税收。部分民营经济发达的省份这一比重更高，接近七成。

在 2015 年，国家税务总局统计了全国纳税的 500 强企业，发现民营企业的税收出现了大力增长，同比增长达到了 32.6%，远超其他所有制类型的企业。这也从正面说明了民营企业正逐步成为经济转型发展的重要引擎。

除此之外，民营企业也是吸纳就业的重要蓄水池。

在民营企业就业的人员得到大幅度增长，成为就业的主要承载体。在我国经济飞速发展的时代背景下，民营企业的就业人数不但没有出现下降，反而连年增加。这也为社会的繁荣稳定做出了突出贡献。

据国家工商总局的调查数据显示，2014 年，在商事制度进行改革后，一年来新设企业带动增加 1890.70 万个就业岗位。改革前一年新设企业带动增加 1699.76 万个就业岗位，改革后一年比改革前一年多提供 190.94 万个，增长了 11.23%。

其中，小型企业与微型企业成为带动就业的主力军。调查结果表明，在改革一年来新登记的企业里，有将近九成的从业人员来自于规模为 20 人以下的企业。在这其中，又有将近七成的人来自于规模为 10 人以下的企业。改革后，对从业人员较少、规模较小的小微企业有较大的促进作用。

另一方面，民营企业承担的社会责任也越来越多。

近年来，随着我国民营企业经济实力的提升，社会责任意识逐渐增强，民营企业逐渐从关注企业自身发展向关注自身发展与社会发展并重；另一方面，民营企业在发展过程中，出于树立正面公众形象的需要，更加注重承担社会责任，参加扶贫、教育、医疗、捐赠等各类光彩事业、公益事业，由此营造出了良好的社会舆论氛围。

要知道，马云的阿里巴巴、马化腾的腾讯公司，这些都是民营企业。阿里巴巴不但拉动了中国经济的增长，还为社会解决了很大一部分的就业问题，为中国的中小企业带去了新的发展方向。这些民营企业是掌握技术创新的生力军，恰如马云所说：蚂蚁有蚂蚁的优势。

民营企业经营灵活，且在劳动用工制度、工资分配制度等方面都可以根据市场竞争的需要自主决定与调整。

除了阿里巴巴和腾讯公司外，大部分民营企业的投资都比较小，而且追求利润的动机强，极富创新精神，敢于承担风险。

在阿里巴巴尚未成型时，马云正是利用了机制的灵活优势涉足于竞争力十足的新兴领域。由于民营经济的积极参与，让这些领域的竞争力更加强大，市场也更加灵活。

实践证明，凡是民营经济发展较早、较充分的地区和领域，其市场发育就相对较快，经济发展就更具活力。

当然，我国还处于体制发展的转轨时期，市场经济机制不健全、信用建设落后，民营中小企业经营者的道德素质有待提高。民营中小企业的经营者的职业道德水平也是直接影响企业能否诚信经营的重要因素。

对此，政府应当加强企业的文化建设，加大对市场的监管力度，建立健全企业的治理结构。对于民营企业自身存在的一些问题，如产权不清、所有权与经营权不分、缺少核心竞争力等，都需要政府进行监控与引导。

此外，民营企业的经营环境也还存在着不少问题，需要加以规范。

在信贷融资方面，应采取措施解决民营企业的融资问题，开放融资渠道，发展股权融资，建立新技术创新风险投资机制；

在市场调节方面，要建立公平的市场环境，改变工商登记手续繁杂、办企业入门难、多头审批、关卡林立、市场准入性大等问题。

随着我国全方位地开放格局的形成，以及参与世界经济竞争时代的来临，民营企业必将发挥出更加积极而显著的作用。

作为国家经济的调控者，作为政策的制定者，政府应当抓紧制定相关法律保障体系，从宪法的高度尽力保障民营企业的私人合法财产的地位，让民营企业也能获得同国有控股企业和外资企业同等的"国民待遇"。

民营企业才是国家经济的命脉所在。

在立法上，我们要着眼于建立完善的民营企业法律体系，健全各种相关法律法规，加强对知识产权的保护；在政策方面，继续放宽市场的准入条件、完善资金扶持政策、实施重点扶持战略，推动与大企业的分工协作。

在构建服务体系的过程中，民营企业应当明确政府各类机构所充当的角色，也应当明白自己的市场服务定位。建立起民营企业的社会公共服务体系，提供信息网络服务，加强人才培训，建立民营企业技术创新中心。增强民营企业的服务意识，努力提高自身素质，提高效率，增设相关的职能服务机构，解决民营企业的后顾之忧。

国进民退还是国民共进

近年来，不管是学术界还是社会上，都常常有人提到这样一个词——"国进民退"。但实际数据表明，民营企业发展得十分迅速，民营经济占国民经济的比重已经达到了将近七成。通过混合所有制改革，国企和民企也已经是"你中有我、我中有你"的状态。

在当今社会，说"国进民退"没有理论上的依据，也没有实践基础，是一种比较偏颇的认识。这种说法会撕裂国有企业和民营企业之间的关系，对整个经济发展不利，不应人为夸大矛盾，而"国民共进"才是事实。

从理论上来说，我国在现阶段还是应当坚持以公有制为主体、多种所有制经济共同发展的基本经济制度。同时，毫不动摇地巩固和发展公有制经济，毫不动摇地鼓励、支持、引导非公有制经济发展。

改革开放这几十年来，国有企业得到了极大发展，民营企业也获得了很大发展，这是一个不争的事实。

要知道，国有企业和民营企业的共同发展给我们国家的经济建设带去了强有力的支持，是我国经济的重要力量。国有企业和民营企业是不可分割的，而不是互相对立的。

在实践中，国有企业的发展也离不开民营企业。绝大部分国有企业的外包服务都是由民营企业承担的；民营企业也离不开国有企业，国有企业为民营企业提供了大量服务，如电力供应等。

事实上，国有经济和民营经济具有高度的互补性，双方的合作是一种互利互惠的经济合作方式。在经济发展过程中，国有企业可以从民营企业身上学到市场的拼搏精神；民营企业也可以向国有企业学习规范的管理，同时还能享受到国有企业重大领域的产品、技术和服务。

以建材行业为例，当今社会，全部建材行业都在使用中国建材集团所研发的技术，如新型干法水泥、浮法玻璃等。近年来，我国建材行业发展迅速，其中最重要的原因就是中国建材集团作为行业的龙头，给民营企业的发展提供了坚实庞大的技术支持。

从宏观层面讲，我国经济之所以能获得快速健康的发展，其重要原因是国有企业和民营企业之间不存在"互相排斥、非此即彼"的关系。国有企业与民营企业就像太极图中的黑白鱼，能够互相融合，通过交叉持股、混合所有制改革达到"你中有我、我中有你"，这才是中国人的智慧和能力。

当然，社会上有一种主流想法，认为国有企业享尽了天时地利。实际上，国有企业在成为市场主体的背后也面临着与民营企业同样的问题，比如实体

第九章
国企与民企

经济近几年遇到了诸多难题。

在实体经济中,绝大部分有关传统的基础原材料行业都是国有企业在做,在此过程中,国有企业遇到的困难也比民营企业要多得多。

相比于民营企业,国有企业并不像有些人想的有多少得天独厚的条件。有人说,银行大部分贷款都用来支持国有企业了。其实,银行贷款主要看财务报表和信用,当国有企业经营不好时,银行也不会为其提供贷款。

一些民营企业存在贷款难等问题,其原因主要有三:一是因为大部分的民营企业规模较小;二是民营企业的资本充裕度不够,不能给银行提供充足的抵押物;三是有些民营企业在创业初期的信誉、规范度上做得不够。

相反,一些民营企业在银行不容易拿到贷款,却可以从国有企业接到外包的工作,拿到预付款。如此一来,资金从银行流向国有企业,再通过国有企业转流向民营企业。

大河有水小河满,大河无水小河干。可以说,我国国有企业的发展带动了民营企业的发展,也支撑了中国经济的发展。

现如今,第六次兼并重组潮已经席卷了全世界,中国的各个产业也走到了这个时间点。当前的兼并重组任务,在很多企业很多领域都有发生。不少是在国有企业发起的,也有在民营企业发起的。这是市场经济的自然行为,和公有制、私有制并无关系。

当前,国有企业的定义也已经发生重大变化,一方面,国企在兼并重组;另一方面,国有企业也通过上市公司增发,使国有资本在企业里的份额发生了变化。

虽然国有资本本身在增值,但同时也引入了大量的非公资本,这是"国民共进"的过程。

国有企业的市场化改革非常深刻,从表面上看,国有企业是国家拥有的企业，但从国有企业实际的市场化程度来看，民营经济、社会资本、个人投资者都已经成为国企的一部分，它们都在享受着国企发展带来的红利。

还是拿建材行业为例，在重组企业的过程中，国有企业把水泥企业的三成股份都留给了民营企业。在中国建材上市公司的总股本中，国有股本占43%，有将近六成都是非公有资本。

用今天的眼光来看，行业的重组已经彻底改变了过去竞争的思路。这是一种从行业的健康发展、从行业的共同利益方面不断进行的联合与重组。

当今市场有一个公式：央企实力＋民企活力＝企业竞争力。

也就是说，国有企业要有规范的管理、规模优势、技术实力，民营企业要有灵活性、激励机制、企业家精神。只有二者取长补短、相互配合，才能在市场上形成强大的竞争力，才能让双方得到共同发展。

我国国有经济之所以强大，一方面来源于社会税收，另一方面需要依靠国有资本的保值增值。只有把国有资本做强、做大，才能让国有经济成为国家经济的命脉。同时，国有企业也要有盈利性的一面，这样才能在市场上取得良好的经济效益。

放眼世界，每个国家都有自己的国有经济，比如新加坡政府投资公司（GIC）就是代表新加坡政府在全球、在各领域投资并取得收益最大化的。

国有企业通过上市公众化，使其国有资本所占比例越来越少；民营企业最终也要上市，也要公众化，最后与国有企业殊途同归，都将成为上市的公众化公司。因此，"国民共进"才是正确大道。

我国著名经济学家、中国经济学界泰斗厉以宁先生曾指出："国退民进"和"国进民退"的纷争定将成为过去。混合所有制的发展，肯定会有一个逐步完善的过程。

在一定时间内，国有企业、混合所有制企业和民营企业会形成一个三足

| 第九章 |
国企与民企

鼎立的状态，支撑中国经济的发展，但各自所占的GDP的比例将会有所增减，这些都是正常的。

对于民营企业来说，要以开放的心态积极参与到国有企业混合所有制建设的过程中。

当前，有关政府部门正在加大混改力度，三批混改试点加起来一共有50家，重点领域混合所有制改革试点正在逐步有序推进。未来，国有企业和民营企业不应该划那么清晰的边界。

现在的问题是，中国企业究竟要如何聚集起来、应当怎样提高竞争力，共同参与国际竞争。在参与国际竞争的过程中，国有企业与民营企业要加强密切合作。

有些"走出去"较早的民营企业，就像中国经济的"探路人"，给国有企业提供了大量信息；而国有企业的出海，就像是"航空母舰"，带动了大量的民营企业"走出去"。

未来中国企业参与国际竞争，需要国有企业同民营企业精诚合作，这是我们义不容辞的责任。"国民"需要共进，这样才能让中国经济得到长足稳定的发展。

中国为什么没有百年企业

2013年，美国《财富》杂志刊登了这样一组数据：美国大企业的平均寿命不超过40年，中小企业的平均寿命是8年。在中国，分别是7年和2.5年。

截至2012年，全球寿命超过100年的企业，日本有2.1万家，其中包括7家千年企业，而历史只有200多年的美国则有1100家。而中国却只有十余家，如云南白药、同仁堂、张裕、泸州老窖、全聚德、吴裕泰、东来顺、青岛啤酒、六必居、张小泉、王老吉等。

我们就拿中国与日本做一组对比：

日本竟然是世界上拥有长寿企业最多的国家，这让不少人都匪夷所思。这其中，包括几家寿命在1000年以上的老店。比如建于公元578年的寺庙建筑企业"金刚组"、建于公元705年的"西山温泉庆云馆"、建于1295年的旅馆"法师"、建于1296年的旅馆"千年汤古"等等。

根据东京商工调查公司发布的一份调查报告显示：全日本有21666家超过150年历史的企业，而第二年又有4850家企业迎来150岁生日，后年、大后年、以及大大后年，将有7568家满150岁生日的企业。

企业长寿的秘诀，关键在于诚信。

在中国，最老的企业是成立于1538年的六必居，紧随其后的是1663年的剪刀老字号张小泉，再加上陈李济、广州的同仁堂药业，以及王老吉三家企业，中国现存的超过150年的历史的老店仅此5家。

而且，经过计划经济时期的变异，其"老字号"的传承性其实已经大打折扣。

说白了，如果一家企业在这个社会上只是靠着跟风、追随和模仿起家，根本不能系统地建构起自身的核心优势，那只能解决眼前的温饱。在大浪淘沙、激浊扬清后，遭遇的也只能是夭折的命运。

当然，企业的竞争力离不开政策环境、市场环境等特定的客观条件的演变与调整。但更多的是立足于当下、立足于自身。考验企业的真正关键，就在于能否有效地把握行情的趋势运转能力，同时在审时度势的前提下整合资源、突破创新。

拿成长型企业来说，大部分老板都是面色暗淡、愁眉紧锁。由于这几年行业普遍性的疲软，老板们在身体和情绪上都带有紧迫感。但这并不是被动

第九章
国企与民企

强调客观寻找自身退路的理由。即使有，也仅仅是空洞的说辞，因为市场是不相信眼泪的。

除却日本，纵观国际市场上的公司，寿命在百年以上的优秀范例也比比皆是，如瑞典的斯托拉造纸和化学公司创于13世纪，美国的杜邦公司已近200岁仍然生机勃勃，英国的皮尔·金顿已经拥有171年历史……

当然，企业发展中有很多的不确定性和风险因素客观存在。

诚如乔布斯所说——"创业时你把你的生命投入进去，而碰到的坎坷真的很难逾越，你会感觉生命在被摧毁，所以大部分人在创业中途放弃是可以理解的。但是，成功创业者和失败创业者的差别就在于坚持"。

我们在羡慕日本和欧美出现这许多伟大的百年企业的同时，再看看中国却是凤毛麟角。在感叹之余，还是要反思一下中国为何出现这种局面。我认为，中国百年企业较之国际很少的原因，主要有以下三点：

一、历史渊源

不可否认，中国虽有五千年文明，但市场经济发展的历史只有一百多年。在这样一个历史背景下，出现经营百年以上的企业自然是凤毛麟角了。而且，中国市场经济发展真正算起来才有三十多年历史，除了一些食品和药品企业外，中国不可能出现经营百年的企业。

二、法律缺失

随着中共十四大在1992年顺利召开，中国要建立社会主义市场经济制度被正式确立，加之邓小平同志的南巡讲话，自此，股票、证券等与市场经济相关的标志才不断出现。当然，这都需要相关的法律调整。

我国颁布公司法是在1993年，在此之前，我国尚未形成比较系统、健全的法律规范文件来治理公司，这就使企业缺乏一个健康、公平、法治的环境。企业在这种法制背景下很难可持续地发展壮大。

三、情怀继承

中国自古以来就有个奇特的现象，许多威势赫赫的大富大贵之家到败家时都"如大厦倾颓"。正如黄炎培先生在总结国家兴亡的历史怪圈时所说"其兴也勃焉，其亡也忽焉！"为此，后人对富人一直感慨"富不过三代"，甚至还有"一代创，二代守，三代耗，四代败"的说法。

其实，所谓"三代"并非一个确切的时限，只是说富贵不能长久而已。有的可能在当代、二代就宣告衰落了，有的可能会撑到四代、五代。

为什么会产生这种怪现象？我认为，是社会体制与人的本性共同造成了这种现象。

我国一向是重传统、讲情怀的国家，老一辈辛辛苦苦创造出的基业当然希望自己的后代去继承，这无可厚非。然而，由于后代的能力不足，加上一部分个人因素，再加上内部治理缺乏章程规范，就很容易导致"成功易，守功难；守功易，终功难"。

另外，还显示出社会对职业经理人的培养是不足的。

企业的经营战略，是指企业的顶层设计与核心策略，经营战略引导着企业的生存及发展。现如今，很多企业都面临着一个问题：专业化经营还是多元化经营？这个问题决定了企业的经营方式，也决定着企业能否长期生存下去。

如今，中国有不少企业都是专业公司。专业公司是由同一行业，生产同类产品或同类零件，或工艺相同的企业联合组成的公司，它主要是工业生产中横向联合而形成的。

而多元化经营，就是让企业在经营的时候不仅仅局限于一种产品或一个产业，而实现"跨产品、跨行业"的经营扩张。

实施专业化的经营方式，其优势体现在集中所有人力、物力和财力发展一种产品，所需的资金量相对较少，资金使用效率较高，同时比较容易提高企业声誉、获取更高利润。

实行这种经营方式的企业，必定会更认真地研究自己所处行业的发展前景，继而制定出最适合自己发展的企业战略，实现最大化效益。

然而，专业化经营也有局限性。其最大局限性就是对企业迅速扩大规模不利。同时，如果企业所选择的专业本身的市场前景就很狭窄，则不能在本专业内树立权威，也会严重影响企业的发展。

从美国企业发展历程中我们不难看出，企业的经营类型大致经历了自然状态的专业化—多元化—专业化这样一个历程，但是后一个专业化是以主营业务或核心业务为主的专业化，而不是纯粹的单一业务的专业化。

如果企业不能做好定位，制定符合时代发展的经营战略，便很容易在商界的厮杀中和时代的潮流中被淘汰。

中国若想有百年企业，诚信、创新、文化、经营方式这四点缺一不可，中国经济发展前景一片大好，相信中国的百年企业也会乘上时代的东风扶摇直上。

制造业是国民经济的命脉

最近几年，我国正处在经济结构转型的关口，一边是国企和民企之间的博弈，另一方面则是传统行业和新兴产业之间的较量。在这个当口，有人就提出了"放弃制造业"的设想，理由也很充分：制造业高能耗、高污染、低效率，是迈向现代社会的"障碍"。

然而，有趣的是，当我们正讨论着制造业是不是明日黄花的时候，大洋彼岸的美国却提出了重塑"制造大国"的国家战略。那么，制造业到底该何去何从呢？在回答这个问题之前，先让我们看一个小故事：

在欧洲漫长的历史上，英伦三岛一直扮演着被边缘化的角色，当年罗马踏遍欧洲，也不过只占有了不列颠岛的一半。因此，在很长一段时间里，英国在欧洲舞台上都是缺少话语权的，直到工业革命发生。

1784年，英国建立了世界上第一座蒸汽纺纱厂。之后，蒸汽机又被用于工业、铁路、蒸汽船运等领域。到1825年，英国从矿山到工厂、从陆地到海洋，到处都是机器的轰鸣声，到处都是机器的运转声，到处都能看见机器在飞驰……

满清王朝的国门就是英国人打开的，用战争的方式敲醒了天朝上国的美梦。我们不仅看到了英国人的坚船利炮，更看到了支持坚船利炮的工业基础。这些制造业带来的保障，正是19世纪英国人打遍世界无敌手的依据，也是英国成为"日不落"帝国的基石。

所谓无"农"不稳、无"工"不强、无"商"不富。由于农业的产出有限，而且受自然制约较大，所以在这三个产业中真正具有强大功能的"造血产业"是工业，工业对经济的持续发展和社会稳定起到了非同寻常的作用。

英国正是凭借制造业实现的咸鱼大翻身，而步英国后尘的则是德国人。

而德国的工业化比英国晚了50年之久。1830年，德国的工业占比不足3%，依旧属于农业国，加上德意志处在四分五裂的状态，这使德意志人成为了欧洲的下等公民。

德国著名的浪漫主义诗人海涅感慨道："陆地属于法国人和俄国人，海洋属于英国人，只有在梦里，德意志人的威力才是不可比拟的。"

但是德意志国家抓住了第二次工业革命的机会，这让德国的钢铁制造业

第九章
国企与民企

蓬勃发展,诸如鲁尔工业区、萨尔工业区等工业重镇拔地而起。至此,德国制造业一举超越法国,占了世界制造业总产值的一成还多,而这也为1871年普法战争中普鲁士的胜利奠定了物质基础。

再看超级大国美国。在建国之初,美国只是一个落后的农业国,连南方的墨西哥都要比美国强大,阿根廷海军还曾经长时间作为美洲最强的海军,压了美国人一头。

当时的美国,北方是以食品加工业和纺织业为主的制造业,出产木材、矿产等原料;而南方则是种植园经济,农场主买进大量黑奴,种植棉花、茶叶和粮食。

在南北战争爆发后,美国和德国一样抓住了第二次工业革命的机遇,加上美国广袤的国土、丰富的资源和庞大多样的人口,这样得天独厚的环境促使美国的制造业得到了疯狂生长。

1868到1880年间,美国的钢铁产量每年能增长40%左右,到"一战"前夕,美国的工业产量居于世界首位,占到了世界工业总产量的三成还多,而钢、煤、石油和粮食产量都位于世界前列。

到"二战"前夕,美国的制造业已经相当发达,其产量占世界制造业总产量的38.7%。这也直接导致了美国在"二战"期间每两个月就能造出一艘舰队航母,每年能造出4万架飞机,还有2万台坦克。

"一战"前夕,俄国的制造业产量占世界工业总产量的8.2%,虽然看起来实力很强,但在其制造业产值中有很大一部分都是来自于国外投资的轻工业,真正属于俄国本土的重工业只占五分之一也正因如此,俄国被称为"泥足巨人"。

由此可见,没有强大扎实的制造业做基础,就没有国际地位;没有强大扎实的制造业做基础,就没有经济的持续繁荣。

现如今,西方国家也面临着不小的挑战,因为他们陷入了"去工业化"的泥潭之中。一些原本强大的国家变得经济衰弱,甚至引发了社会的不稳定。究其原因,都是由于其失去了强大的制造业作为支撑。

如果国人在某些伪经济学家的忽悠下盲目地去搞"去工业化",一味发展金融服务业,结果必然是自废武功,自断经脉——比如当年的南非。

南非的工业不可谓不强,不仅有能力发展核工业,还有生产号角mk2坦克、蜜獾战车、石茶隼、G5等先进装备的能力。但在曼德拉上台后,南非一味模仿西方的价值观,搞一些"去工业化",大力发展金融行业,使得南非从发达国家沦落成了发展中国家。

有些人可能会问,制造业凭什么这么重要?这里,笔者只要举个例子你就明白了。

S市和D市都是传统的农业地区,当地的城镇化水平不算高,超过70%的常住人口都是农民。20年前,两个城市面对经济改革的浪潮各自规划好了发展战略。

S市将旅游业和文化产业作为支柱,力图打造地区文化和旅游地标。而D市则强力发展制造业,为此不惜以各种优惠条件吸引外面的资金来当地投资建厂。

一开始,S市的发展规划很为人所看好,S市的人民也在畅想着美好的未来。然而,真正到了发展的过程中问题便出现了。

首先,S市虽然有一些旅游资源,但基础设施普遍一般,较之于周边也没有突出优势,短时间内无法组织起强大的集群效应。

其次,S市举全市之力建设了基础设施,然而等到成立各种旅游公司的时候却发现能够提供就业的数量是很少的,对于S市待就业人口总数来说是杯水车薪。这样就出现了两个问题,一是大量岗位被权力寻租,导致旅游行

| 第九章 |
国企与民企

业服务态度极端恶劣;而另一个问题则是,大多数居民还没有脱离农业领域,收入有限,无法在当地旅游业的起步阶段给予消费支持。

最后,文化产业本来要依托于旅游业的发展,但旅游业发展情况的滞后导致文化产业也没有发展起来,形成了本地人消费不起、外地人没人消费,而因为没有消费市场,该地区的文化公司相继倒闭或搬离,文化产业发展战略等于是落空了。

再看D市,为了发展制造业,D市放宽了各种落地政策,给予各种政策和税收优惠,在此后的几年里,D市建起了一座又一座工厂。工厂需要招收工人,于是,D市的农民纷纷进工厂打工,D市也在短短几年之内实现了从农业到制造业的转变。

一开始,一些工厂给D市带来了各种各样的麻烦,有工人问题、环境问题、行政问题等等,处理这些问题虽然让很多行政者头疼,但长期以来却也锻炼了其行政能力。而随着D市制造业所带来财富的累积,D市也慢慢有能力进行制造业结构调整,去掉一些高能耗、高污染的企业,扶持一些科技主导、创造主导的新兴企业。

20年后的今天,D市建起了宽广的马路、便捷的市政系统、设施齐备的医院,甚至得到省教育部门的支持建起了两所地方大学。D市的人口超过70%的部分已经是市民,这些人不但拥有大量财富,还拥有强大的消费能力、在这个基础上,D市的文化娱乐产业也蓬勃发展了起来。而与之相比的S市,全市GDP还不到D市的十分之一,居民财富更无法同日而语。

瓦科拉夫·斯米尔曾在其著作《美国制造:国家繁荣为什么离不开制造业》中写道:"如果没有一个强大且创新性极强的制造业体系,以及它所创造的就业机会,那么,任何一个经济体都不可能繁荣发展,哪怕这个经济体很先进。"

不管是对哪个现代经济体来说，制造业都是至关重要的一个组成部分。因为制造业本身又有很多相互关联、相互依赖的元素，因此，制造业的命运应该依赖于这些因素，而这些因素又共同影响着一个国家的政治、经济、法律、教育、社会和医疗体系的总体面貌。

制造业不但能够提供庞大的就业岗位，还能发展完善一个国家应有的基础设施。没有血肉，只谈灵魂是不现实的。制造业就是一个国家的血肉，在此基础上才有发展金融业和服务业的可能。

当然，某些国家是不需要制造业的，他们只需要提供航运和金融服务即可。然而，这些国家必须存在两个条件：一是足够小，二是依附于那些以制造业为主的国家。只有这样，"去工业化，发展第三产业"才有意义。

类似于中国、美国这样的大体量国家，光凭服务业远远不足以养活这么多人口，所以，它们比拼的本质必须是制造业。同理，要想让这样的国家富有，所有的法律法规、社会设施、人才储备都应以制造业为中心展开。

所以，无论到什么时候，制造业都应该被作为国民经济的命脉来保护。发展制造业，就是建设强大中国的唯一途径。

| 第十章 |
政策与未来

第十章

政策与未来

党的十九大后经济将走向何方

2017年10月18日,中国共产党第十九次代表大会在人民大会堂开幕,习近平代表第十八届中央委员会向大会作了题为《决胜全面建成小康社会 夺取新时代中国特色社会主义伟大胜利》的报告。

党的十九大召开于全面建设小康社会的决胜阶段,是中国特色社会主义发展关键时期的一次重要大会。其不仅承担着谋划决胜全面建成小康社会,深入推进社会主义现代化建设的重大任务,同时也关系着中国特色社会主义事业的前途和命运,关系着中国人民的根本利益。

中国共产党第十九次代表大会不仅吸引了国人的目光,更是令整个世界瞩目，党的十九大之后，中国经济将会走向何方？中国经济的发展将会为世界带来怎样的变化？党的十九大报告指出了中国未来经济的发展方向。同时，从习近平在党的十九大之后的几次讲话中我们可以发现中国经济发展的新动向。

首先，中国的经济发展将会长期向好，这是在2017年11月9日，同特朗普共同出席中美企业家对话会闭幕式致辞中提到的内容。而在给2017年广州《财富》全球论坛的贺信中，习近平也提到"中国经济具有长期向好的光明前景，有基础、有条件、有动力实现稳中有进、持续向好"。

习近平主席的这番论断是有着充分的事实根据的。在2017年底，中国经济表现出了强劲的势头。工业增长虽然经历了几年的连续下滑阶段，但现今已趋于稳定，而服务业则依然保持着强劲的增长势头。经过了多年的通货紧缩，生产物价指数出现大幅上升，不仅提高了企业的盈利能力，同时也改善了企业偿还债务的能力。随着经济增长的强劲势头，近年来不断增高的资本外流压力也得到了有效缓解。

基于这种经济发展形势，国际货币基金组织在2017年内4次上调中国经济增长预期。同时，基金组织也调高了中国的中期增长预测，将2020年前的平均值调到了6.4%。这正是中国经济长期向好的一个事实表现。

其次，继续深化改革是关键。2017年11月10日，习近平在出席亚太经合组织工商领导人峰会时发表主旨演讲时提道："明年，我们将会隆重纪念改革开放40周年。中国改革的领域将会更广、举措将更多、力度将更强"。

在党的十九大报告中，全面深化改革总目标是习近平新时代中国特色社会主义思想的重要内容。同时，坚持全面深化改革也是新时代坚持和发展中国特色社会主义的基本方略之一。在过去几年中，中国政府已经推出

第十章

政策与未来

了超过1500多项改革举措，表现出了强烈的改革决心和欲望。随着改革开放40周年的到来，中国政府全面深化改革的力度和深度必将更加强烈和广泛，无疑，经济领域的改革将成为其中的重头戏。

再次，中国开放的大门将会越开越大。这同样是习近平在中美企业家对话会闭幕式致辞中说到的话。在贸易保护主义开始抬头的今天，中国的这一承诺无疑向全世界发出了一个积极信号。

在某些大国推行单边主义、实行贸易保护主义的同时，中国政府将会继续敞开开放的大门。早在2015年博鳌亚洲论坛上，习近平就表达了中国对外开放的决心。中国是一个规模庞大、潜力无穷的市场，没有哪个投资者不为之动心。中国采取开放的姿态迎接投资者，也是践行开放型经济的重要表现。

最后，大力发展实体经济，全力推进"中国制造2025"。2017年12月12日，习近平在江苏徐州市考察时提出"必须始终高度重视发展壮大实体经济，不能走单一发展、脱实向虚的路子。发展实体经济，就一定要把制造业搞好，当前特别要抓好创新驱动，掌握和运用好关键技术。"

随着东南亚市场的崛起，中国已经开始失去"世界工厂"的地位，劳动力红利已经消失，制造业虽然规模壮大，但产品品质却仍然无法与世界顶尖产品相媲美。中国想要实现经济的持续快速发展，就必须从追求高速度转变为追求高质量，制造业则必须实现从中国制造向中国创造的转变。

自党的十八大以来，中国就在坚定不移地走中国特色新型工业化道路，出台了"中国制造2025"规划。在党的十九大之前，"中国制造2025"顶层设计已经基本完成，国家制造业创新中心建设、智能制造、工业强基、绿色制造和高端装备创新等工程成也在顺利推进。在党的十九大之后，中国将继续从深度和广度两个层面来推进"中国制造2025"，促进制造业的转型升级。

最后，实施国家大数据战略，推进数字化发展。在2017年12月8日，习近平主持中央政治局第二次集体学习时提到要"推动实施国家大数据战略，加快完善数字基础设施，推进数据资源整合和开放共享，保障数据安全，加快建设数字中国，更好服务我国经济社会发展和人民生活改善。"

数字经济是当今世界经济的主旋律，发展数字化经济也成为了大多数国家的共同目标。中国在电子商务和数字支付方面已经领先于全球，但在其他数字化研究领域却与发达国家存在着一定差距。逐渐弥补数字化研究领域的差距，将大数据与中国经济发展相衔接已成为中国经济发展的又一重要战略。

除了这些经济形势外，在党的十九大之后中国的经济发展思路也将会发生一定的改变。党的十九大报告已经明确提出了全面建设社会主义现代化国家和"两步走"的战略安排。"两步走"战略规划了中国社会主义现代化建设的时间表和路线图。

党的十九大报告同时还对如何建设现代化经济体系做出了部署，其内容包括：坚持质量第一、效率优先的方针；坚持深化供给侧结构性改革这条主线；推动质量、效率和动力三方面变革；建设一个实体经济、科技创新、现代金融、人力资源四位协同的产业体系；同时还要建设"市场机制要有效、微观主体要有活力、宏观调控要有度"的经济体制。

党的十九大报告中的内容在很大程度上规划出了中国经济未来几十年的发展路线，其中可能会因为国际国内形势的变化而导致规划内容发生改变，但总的经济发展方向是不会改变的。在党的r十九大之后，中国的市场也会越来越开放，实体经济和数字化经济也将会协同发展，中国经济将会逐渐迸发出无限的潜力。

| 第十章 |

政策与未来

"一带一路"背后的经济思考

2013年9月7日,在哈萨克斯坦纳扎尔巴耶夫大学,习近平发表演讲时提道:为了使各国经济联系更加紧密、相互合作更加深入、发展空间更加广阔,我们可以用创新的合作模式,共同建设"丝绸之路经济带",以点带面,从线到片,逐步形成区域大合作。

同年10月3日,在印尼国会,习近平发表演讲时又提道:中国愿同东盟国家加强海上合作,使用好中国政府设立的中国—东盟海上合作基金,发展好海洋合作伙伴关系,共同建设"21世纪海上丝绸之路"。

在一个月时间之中,习近平先后提出了建设"新丝绸之路经济带"和"21世纪海上丝绸之路"两大战略构想。可以想见这应该是中国政府谋划已久的一步大棋,这两大战略构想就被称为"一带一路"合作倡议,是中国与其他相关各国打造互利共赢的"利益共同体"和"命运共同体"的重要举措。

以古老的"丝绸之路"命名,不仅从字面上表现出了这一宏伟战略的时空区间,同时也承载着中国愿与丝绸之路沿途各国共同发展的美好梦想。促进地区经济的繁荣和稳定是大国义不容辞的责任,作为世界第二大经济体,中国也肩负着促进亚洲地区经济繁荣的使命。当然,既然是互利共赢,发起"一带一路"合作倡议的中国自然也能够从中获得利益。

当前世界经济一体化不断加剧,中国经济与世界经济的联系也越发紧密。对外开放是中国始终坚持的一项基本国策,只有构建起全方位的对方开放格局,中国才能够融入到世界经济体系之中。中东地区作为中国的近邻,自然也是中国开放的主要目标。因此,推动"一带一路"建设是中国

自身对外开放的需要,同时也是中国加强与世界各国互利合作的一种需要。

"一带一路"在陆上主要依托国际大通道,以沿线的中心成为作为支撑,以重点的经贸产业园区作为合作平台,打造出新亚欧大陆桥、中蒙俄、中国—中亚—西亚等国际经济合作走廊。而在海上则主要以重要港口为支撑,共同建设通畅的运输大通道。

作为一个互利共赢的战略合作构想,在提出"一带一路"倡议之前,中国政府也拥有更多自己的考量。正如美国特朗普政府展开单边主义的"贸易战"一样,更多的还是出于自身利益的考量。不同之处在于,单边主义的目标是让自己更多地获得利益,而"一带一路"倡议则兼顾了合作双方的共同利益。

那么,对于中国来说,"一带一路"伟大构想的背后又有着怎样的经济意义呢?具体来说,主要有以下几方面意义:

第一,中国在国内的改革已经进入了深水期,对外开放也进入了一个新的阶段,经济发展则进入了换挡期、阵痛期和消化期相互叠加的关键阶段。"一带一路"伟大构想的实施能够帮助中国度过这一艰难的阶段。

经济发展的客观规律决定了中国的经济并不会始终保持高速增长,换挡期所指的就是经济增长速度进入了换挡期。同时由于主动转变经济发展方式,又让经济结构调整面临着阵痛期。前期为了经济发展所推行的刺激政策也进入了消化期,正是这"三期"的同时到来让中国的经济发展产生了不稳定因素。

党的十八大之后,中共中央提出了改革开放再出发和深化改革等创新方略,就是为了要应对"三期叠加"带来的经济困境。而"一带一路"构想的实施也是为了缓和国内改革遇到的困难。

| 第十章 |
政策与未来

第二，经济全球化和区域经济一体化趋势不断加剧，全球经济增长和贸易格局发生改变，整个世界都在寻求经济方式的转型升级，中国政府也需要进一步激发区域内经济合作的潜力，从而促进区域内经济体的平稳发展和互利共赢。

2008年的经济危机让世界各国纷纷开始调整自己的产业结构，世界经济格局发生了显著变化。原本引领全球经济增长的发达经济体因为经济危机的影响，开始逐渐失去其在全球经济增长中的主导地位。而新兴经济体则始终保持着较高的经济增长率，这使得他们开始逐渐成为稳定经济增长的主要力量。

同时，经济危机还使得发达国家开始减少境外投资，这让发展中国家的融资环境逐渐恶化，也加剧了金融体系的不稳定程度。而长期以来，中国对外开放都以西方发达国家经济体为主，经济危机让这些经济体的进口能力大打折扣。相反，亚洲发展中国家的进口能力则保持着不断增长的趋势，因此，中国的对外开放必须要及时调整和转向。

随着经济全球化的逐渐深化，区域一体化进程也逐渐加剧，中国周边的东亚、中亚和南亚地区国家不仅资源丰富，而且经济发展潜力也十分巨大，"一带一路"将会促进整个区域经济的发展。

第三，中国经济的高速发展使其成为世界能源消费和进口的大国，由于中国原油进口和运输渠道较为单一，很容易出现原油进口的紧张局面，从而造成中国能源安全问题。"一带一路"倡议的实施，将会为中国开辟出新的原油进口和运输渠道，从而缓解自身的能源安全问题。

自1996年以来，中国的原油进口量就逐渐呈现出快速增长的趋势，原油进口的依存度也不断上升。根据中国海关统计的数据显示，在2003年到2013年十年之间，中国进口原油从9100万吨逐渐增加到2009年的2亿吨，而到了2013年则达到2.82亿吨。在2013年，中国已经超越美国而成为世界第一大汽油和其他液体燃料进口国。到了2017年，中国全年的日均原油进口量也超过美国，成为了全球第一大原油进口国。

中国的原油进口主要集中在中东地区，其中原油进口量的80%需要经过马六甲海峡。由于国际原油市场很容易受到国际政治的影响，所以过分依赖于中东地区和马六甲海峡给中国的原油进口安全造成了极大影响。

随着中东局势动荡的加剧，美国插手南海问题，使中国的能源安全受到极大威胁。因此，寻找新的原油进口地区，开辟新的原油运输渠道成为中国亟待解决的问题。"一带一路"倡议的实施正是中国确保自身原油进口安全的一个有力举措。

第四，中美战略博弈升级，贸易冲突加剧，美国希望重返亚洲，中国必须要构建新的国际秩序。"一带一路"倡议作为区域经济一体化的重要举措，将很有可能围绕中国形成一个新的区域经济新格局。

无论是奥巴马政府，还是特朗普政府，美国始终将中国作为自身称霸世界的主要威胁。奥巴马时期的"巧实力"外交，特朗普时期的"美国优先"，都昭示着美国想要重新主导亚洲地区乃至整个世界的野心。想要实现这一目的，遏制中国的发展是主要手段。

中国凭借近40年的改革开放已经累积了强大的综合国力，同时也提出了一系列新思路、新战略和新机制，倡导成立了许多地区和国际组织，这些都是中国积极参与构建国际新秩序的表现。以互利共赢、相互尊重为基础，中国政府提出了"一带一路"的倡议，充分考虑了地区经济的协调发展。

中国提出的"一带一路"合作倡议不仅符合中国的自身利益，同时也赢得了广泛的国际共识。从2014年开始到2016年，中国的企业已经对"一

第十章
政策与未来

带一路"沿线国家投资超过了500亿美元。在2017年上半年,中国企业对"一带一路"沿线45个国家进行直接投资近50亿美元,超过了同期对外投资总额6.7个百分点。

"一带一路"合作范围正在不断扩大,合作领域也变得更为广阔。它不仅给参与各方带来了切实的合作利益,同时也为世界提供了应对挑战、创造机遇、强化信心的智慧与力量。

我们为什么要"借钱"给美国

2017年11月,中国减持126亿美元美国国债。截至2017年11月,中国持有的美国国债总额下降到了1.1766万亿美元,仍然是美国的第一大债权国。不少美国媒体认为中国减持美国国债的举措是中国对美国国债失去兴趣的表现,并据此认为中国可能不再会继续购买美国国债了。

在2017年11月18日,国家外汇管理局新闻发言人、国际收支司司长王春英对此进行了回应,她说:"中国的外汇储备始终是按照多元化、分散化原则进行投资管理的。我们一个很重要的任务是保障外汇资产总体安全和保值增值。至于在具体的投资品种上,购买美国国债和进行其他投资一样,都是一种市场行为,是根据市场状况和投资需要来进行专业化的管理的。"

这样看来,中国减持美国国债只是一项投资举措,也就是说我们还会继续借钱给美国,借多借少还要根据市场的实际情况来决定。中国经济正处于高速发展阶段,各种技术研发和基础建设都需要资金的支持,为什么中国还要拿着钱去借给美国呢?原因正如前面提到的一样,借钱给美国是中国的一种策略性投资,是一种正常的市场行为。

事实上，借钱给美国的也并非中国一家。世界上大多数国家都会去购买美国国债，从购买数量上来说，日本只比中国少一点。根据美国财政部的数据显示，日本在2017年11月也同样减持了美国国债。除了各个国家外，美国国债最大的买主是美国国内的银行、机构和个人。

想要详细了解中国"借钱"给美国的原因，我们需要从多个角度着手。

大多数不了解经济常识的人会产生一种错误的观点，他们往往认为一个国家的外汇储备越多，这个国家就会越有钱。实际上，外汇储备的多少并不与国家的富裕程度呈正比，中国的外汇储备很多，但这并不代表中国很有钱。

中国实行外汇管制，中国企业依靠出口获得的美元必须要在央行兑换成人民币之后才能够在国内使用。这样一来中国的企业出口越多，国家手中囤积的美元也就会越多。而在进口的时候，企业同样需要将人民币兑换成美元来进行交易。

另外，自加入WTO组织之后，中国开放了许多领域的市场。这种开放的姿态以及国内广阔的市场前景，让不少外资企业纷纷涌入中国内地。外国企业想要到中国进行投资就需要到央行将手中的美元兑换成为人民币，这样才能在国内市场进行投资。这样下来，大量的美元便会囤积在央行手中，看上去央行获得了大量的美元，但实际上，这些美元都是用人民币兑换来的，央行的实际财富并没有增长。

中国手中的美元并不是白白赚到的美元，而是用人民币等价交换而来的。中国之所以会拥有大量的美元是因为中国的出口相对于进口而言实在是太多了，大量出口使得美元囤积在央行之中。虽然从个人角度来说手中的钱越多越好，但从国家角度来看，不断囤积起来的美元就像个烫手的山

第十章

政策与未来

芋，市场平稳还好，如果哪一天美元出现大幅贬值，损失的就是国家的财富了。所以，必须要想办法让手中的美元运转起来才行。

对于普通人来说，手中的钱多了，花出去就好了。但从国家层面上讲，花钱却并不是一件简单的事情。国家积累起来的财富属于全体人民，如果投资出现失败，后果是十分严重的。所以选择最安全的方式进行投资是政府的唯一选择。

对此中国曾进行过相应的尝试，那就是让国企拿着美元去国外投资。这样一来不仅能够消减掉手中的大笔美元囤积，同时如果投资获得收益也是一件好事。但最终的结果并不理想，去国外进行投资的国企大多出现了亏损，极少数能够不亏损的，赢利能力也是十分有限的。也正因如此，利用外汇去进行对外投资这条路一时之间是无法走通了。想要花掉这些钱，还需要寻找其他方法。

除了鼓励国企对外投资外，中国还进行了其他方面的投资尝试，但算来算去似乎只有购买美国国债最为合算。选择别的投资方式风险太高，选择别国的国债在信誉度上又没有美国国债安全，购买实物又消化不了这么多的美元。所以，从安全性、回报率和流通性的角度来看，购买美国国债成为了一种最合适的选择。

这就如同我们进行个人投资一样，当我们手中有一笔钱时，如果一下子花不完，投资升值就是最好的选择。当我们在选择投资方式的时候，除了需要考虑到收益多少外，还需要考虑投资是否安全。这时我们可能会拿出一部分钱来购买股票，虽然风险比较高，但同时收益也是比较高的。我们还会再拿出一部分钱来进行银行储蓄，因为这样可以保证我们的财富增值，虽然收益较低，但是基本上不会有什么风险。

中国购买美国国债就是出于这样的考虑。如果将囤积的美元攥在手中，不升值不要紧，如果贬值的话就会造成不可估量的损失。因此，将美国国债作为一种投资方式是十分正确的选择，也是一种正确的市场行为。当然，购买美国国债的同时也就意味着中国将自己的钱借给了美国。

"借钱"给美国除了能够高效利用手中的美元外，还可以保障中国自身的外汇安全。中国依靠出口获得美元，而在进口的时候也同样需要使用美元。如果没有美元便无法进行对外贸易，这就意味着中国的外汇储备是一定不能出现问题的。

我们可以假设一种极端情况的发展，如果美国联合所有在中国的外资企业想要同一时间撤离中国市场，那么会出现什么样的情况呢？

外资企业撤出中国市场一定会将资金全部带走，他们当然不会选择带走人民币，于是，去央行将人民币兑换成美元，便成为它们的必然选择。如果说一家企业撤离还好说，但是当所有外资企业同时撤离时，央行需要兑换的美元将是一个十分庞大的数字。

这时，如果政府将外汇储备全部用来投资实体经济或者股票、黄金的话，想要在第一时间回收资金就会十分困难，这也正是政府不将外汇储备全部投放于这些方面的原因。而投资美国国债就不同了，作为全球流通性最强的国债，美国国债可以随时在二级市场进行抛售。

虽然在短时间内大量抛售美国国债会造成一定程度的收益损失，但至少可以应对上面极端情况的出现。如果出现小规模的外资撤离就小规模卖掉美国国债，如果出现大规模的外资撤离就大规模卖掉美国国债。这样一来，外汇储备所面临的流动性危机便自然而然地被对冲掉了。

也正是这种原因，世界各国政府都在争相购买美国国债，也就是说借钱给美国的不仅只是中国。虽然购买美国国债仍然存在着很多问题，但是无论是从安全性、稳定性、增值性还是在流动性方面，美国国债都具有明

第十章
政策与未来

显的优势。所以对于中国来说，借钱给美国可能是一种保护中国外汇储备的最佳选择。

货币互换，我们到底亏不亏

在有关于国家经济举措的新闻里，我们经常能够听到一个名词叫作"货币互换"。而每次听到这个名词的时候，总有大大小小的专家出来解析。然而，专家越是解析，我们就越是糊涂，好好的人民币为什么总和别国的钱币换来换去呢？有的时候一不小心还会亏本，这又是何苦呢？

2014年国际金融界曾经发生过一件大事，那就是俄罗斯卢布贬值。因为政治问题，西方国家对俄罗斯进行经济制裁，导致俄罗斯国内货币卢布大幅贬值。这一年的12月，卢布经历了一场比严冬还要冷的打击，短短几天之内便贬值了60%。如此大规模的贬值，不但让俄罗斯老百姓苦不堪言，更让中国老百姓看着揪心。

中国老百姓揪心的原因并不全是出于同情俄罗斯，而是仅仅一个月之前，中俄刚刚完成一项大规模货币互换。中国用1500亿人民币换了8150亿卢布，现在卢布贬值了60%，不就等于中国血亏了吗？

因此，很多网民痛心疾首，中国政府这是做了赔本买卖，一下子就亏了一半多，还没地方说理去。然而，事实真的就是如此吗？要回答这个问题，我们首先要搞清楚什么叫货币互换。

货币是一个国家金融和经济的基础，所以，每个国家都要把本国的铸币权牢牢把握在自己手中，除了特殊的国家和地区外，几乎所有的经济体都有各自的货币，这就导致了一个问题——国际贸易用什么货币结算。

当然，这个问题不需要回答，大家现在用的是美元。然而，很多国家一边用着美元,一边也在打着替换美元的主意。虽说一时半会儿还没办法抛弃美元,但也不能任由美元牵着大家的鼻子走,于是,就有了货币互换。

举个例子,中国要想去俄罗斯卖东西非常简单,只要过了海关交了关税就可以,但如果中国想从俄罗斯买东西怎么办?俄罗斯是不认人民币的,中国要么就用美元,要么就得用卢布。

美元不用说了,卢布从哪里来呢?有人说,我们去俄罗斯卖东西得来的呀!双边贸易确实可以换来外汇,但一方面双边贸易的外汇量有限,一方面它的结算非常复杂,不容易统一调配。在这个时候,大家想出来一个好办法,那就是找对方借钱。

以中俄货币互换为例,双方的协议是1500亿元人民币换8150亿卢布,从本质说就是中国借给俄罗斯1500亿元人民币到中国去买东西,俄罗斯借给中国8150亿卢布到俄罗斯去买东西。这个时候,俄罗斯卢布贬值了,借给中国的8150亿变成了3260亿,看起来似乎是中国亏了,然而,这只是协议的上半部分。

协议的下半部分是,双方进行货币互换之后的一定时间里再进行等额的换回。也就是说,俄罗斯需要还给中国1500亿元人民币,中国要还给俄罗斯8150亿卢布。这样看来,即便卢布贬值到海里去中国也是不会亏的,当然,也不可能赚钱。

货币互换本身并不是为了赚钱,而只是活跃双边贸易的金融手段。由此可见,说货币互换之后卢布贬值中国政府血亏的网友其实是缺乏必要的金融学常识的。

实际上不仅仅是中俄之间,为了稳定双边贸易,货币互换的身影在世界金融当中随处可见。以中国为例,仅仅最近十几年就与英国、俄罗斯等

第十章
政策与未来

几十个国家进行过货币互换。

这是世界各主权国家和地区想办法去除美元金融垄断地位的一种重要举措，也是向世界推广本国货币，实现本国货币国际化的重要手段。

那么，这样看来，货币互换似乎是有百利而无一害的事情，但事情也没有这么简单。

货币互换作为一种国际金融手段，本身也存在着一个极大的风险，这个风险并不在于单方面货币贬值，比如卢布贬值，其对于中国政府来说是无所谓的。

卢布贬值，我们还给俄罗斯的卢布也贬值了，只要到期俄罗斯还给我们借给他们的人民币，就一切都没有问题了。

就货币互换的真正风险是债务违约。俄罗斯的1500亿元人民币是我们借给他的，那么到期了他不还怎么办？

国家债务违约在国际金融体系中十分常见，不要觉得国家层面就不会赖账，可以这样说，国际上超过一半的国家都有过赖账的经历。这个时候，我们中国如果想不出好的办法解决那就真的是血亏了。

有人会说，俄罗斯不还我们人民币，我们也可以不还他卢布。这个想法没错，但别忘了，卢布已经贬值了，如果双方都不还，那么吃亏的肯定是我们。

难道中国政府没有意识到这一点吗？当然不是，我们的金融学家不是傻子。在和俄罗斯签订货币互换协议的时候，我们就加入了这样的条款，如果一旦出现违约的情况，允许俄罗斯用对华出口原材料、燃料和武器的方式进行偿还。

但这样也有一个问题，那就是俄罗斯会不会坐地起价。本来天然气5元人民币一立方米，俄罗斯会不会涨到10元人民币，反正是抵账，我们不要

还不行,这个问题其实才是真的值得注意的。对于这个问题,整个国际社会也没有太好的办法,而对于我们和俄罗斯的货币互换协议,就需要我们的政府和谈判专家想办法应对了。

总的来说,货币互换是国际金融领域一个重要的组成部分,即便不是因为美元的强势垄断地位,国际货币互换依然会在国家之间长久地存在下去。国际货币互换是一项重要的金融手段,而至于怎么使用这个手段,就要看我们政府的智慧了。

供给侧改革,改的是什么

2016年1月26日,在中央财经领导小组第十二次会议上,习近平提出供给侧结构性改革的根本目的是提高社会生产力水平,落实好以人民为中心的发展思想。而在2017年10月18日召开的党十九大上,习近平又在十九大报告中指出要深化供给侧结构性改革。那么,究竟什么是供给侧改革,政府又为何会如此重视供给侧改革?在这一小节中,我们将详细介绍供给侧改革。

我们知道,一个国家的经济增长主要靠消费、投资和出口这"三驾马车"来拉动,这"三驾马车"就是经济发展的需求侧。这样说来,与需求侧相对应的就是经济发展的供给侧,所谓的供给侧改革说的就是与需求侧相对应的供给侧方面的改革。

简单举个例子,老王已经卖了20年包子,大街小巷都知道老王的包子皮薄馅多味道好。但最近几个月,老王发现自己的包子突然卖不动了,原来大街小巷新开了好几家包子铺,抢了老王的生意。老王尝试着在包子中多加馅料,降低包子的售价,但这些方法依然没有改变老王包子滞销的窘境。经过缜密的思考之后,老王决定不再围绕包子去做文章,开始思考做

第十章

政策与未来

什么其他的东西能够比卖包子更挣钱。

在上面的例子中,老王的包子销售陷入窘境之后,他首先选择在包子中多加入馅料,降低包子的销售价格来吸引他人购买自己的包子。这种改革措施我们可以称之为需求侧改革,当需求侧改革没有办法吸引到顾客之后,老王决定不再卖包子,转而寻找其他赚钱的门路,这种改革措施就是供给侧改革。

从整个国家的角度来说,供给侧改革就是从供给和生产端入手,去解放生产力,提高产品的竞争力,从而促进国家经济的发展。前面提到了需求侧主要包括消费、投资和出口三大要素,而供给侧则包括劳动力、土地、资本和创新四大要素。

从管理方法上来看,需求侧管理强调需求的不足会导致产出的下降,所以想要促进经济发展就需要推出"激励政策"来提高社会的总需求,从而最大限度地扩大产出。但供给侧管理与需求侧管理不同,供给侧管理认为市场能够自动调节产出,所以并不需要政府的"激励政策"来调节需求,促进经济增长的核心是要提高供给侧各要素的生产率。

中国改革开放近40年,取得了辉煌的经济成果。持续高速发展的中国经济在近几年也遇到了一些问题,"人口红利消失""中等收入陷阱""国际经济格局变化"等各种原因的综合作用让中国的经济发展进入到"新常态"之中。改革开放这几十年中,中国经济的发展更多是依靠需求侧"三驾马车"的拉动,随着中国经济进入新阶段之后,这种依靠需求拉动的经济发展结构已经不再适应中国的发展实际,所以,实施供给侧改革,为中国经济增添新的动力便成为中国政府的必然选择。

对于当前中国的经济形势,习近平认为中国经济的结构性问题最为突出,矛盾的主要方面在供给侧,因此推进供给侧改革是中国经济发展的必由之路。习近平提出，在适度扩大总需求的同时，着力加强供给侧结构性改革，着力提高供给体系质量和效率。

对于供给侧改革要改什么，习近平也给出了明确的答案，他认为供给侧改革的重点在于改结构。习近平曾说："我们讲的供给侧结构性改革，同西方经济学的供给学派不是一回事，不能把供给侧结构性改革看成是西方供给学派的翻版，更要防止有些人用他们的解释来宣扬'新自由主义'，借机制造负面舆论。"

对于推进供给侧改革，习近平给出了四个主要方向：

第一是化解过剩产能。产能过剩是指总供给严重超过总需求，从而造成资源的浪费，对经济增长造成了较大的下调压力。淘汰僵尸企业，加大产业重组力度，化解过剩产能是供给侧改革的一个重要方面。

第二是化解房地产库存。伴随着中国经济的发展，中国的房地产市场呈现出异常繁荣的景象，同时这也为中国带来了严重的楼市去库存压力，中国当前"空置"的住房总量很高，解决这些"空置"住房，化解房地产库存是供给侧改革的又一重要方面。

第三是帮助企业降低成本。通过一些政策性改革措施让企业减少不必要的制度性成本，简政放权，这样不仅能够激发企业活性，还能够从整体上提高社会的生产效率。

最后是防范和化解金融风险。中国的金融市场相较于西方发达国家还有很多不健全的地方，供给侧改革可以帮助完善中国的金融市场，形成良好的市场环境，从而促进经济的平稳向前发展。

供给侧改革就是从生产端入手，主要围绕化解过剩产能，促进产业重组，降低企业成本等方面进行。简单来说，就是去产能、去库存、去杠杆、降成本和补短板。

第十章
政策与未来

供给侧改革的根本目的是为了形成一种经济增长的新机制。当前中国经济持续增长正面临着严重的挑战。供给侧改革主要着力于解决中长期经济增长所面临的问题，所以一定要长期稳定地坚持下去，既要有坚持不懈的信念，同时还要有面对困难的充分准备，这样才能确保中国经济在较长的时间中保持中高速增长态势，形成长效稳定的经济增长新机制。

供给侧改革的重点是解决重大结构性问题。供给侧改革主要是解决结构性问题，中国当前的经济发展结构存在很多不合理的地方，投资消费比例不合理，产业结构不合理，收入分配不合理，这些都是亟待解决的问题。此前中国依靠需求侧管理保证了经济的持续增长，但在"新常态"之下，重大结构性问题就只能依靠供给侧管理来解决了。

上述结构性问题的存在主要是中国经济在规模不断扩张的同时，供给结构无法匹配需求结构的变化，经济结构自身又缺乏自我修复的能力。这就要求中国政府必须改变以往以需求侧改革为重点的政策，转而着力加强供给侧结构性改革，解决重大结构性问题。

需求侧管理和供给侧管理是国家宏观调控的重要手段，在不同的时期将会起到不同的效果。但从根本上来说，一个国家经济的发展要靠供给侧管理来推动，一旦供给侧实现了创新性成功，就会形成相应的繁荣市场。正如一次次科技革命一样，新技术从无到有，将会为人们的生活带来新的变化。供给侧改革的成功，也将会带来一次次社会生产力的提升，从而促进经济的持续稳定发展。

放权，把指挥棒还给市场

"坚持使市场在资源配置中起决定性作用，更好发挥政府作用，坚决扫除经济发展的体制机制障碍。"

——习近平新时代中国特色社会主义经济思想

把握和处理好政府与市场的关系,是中国政府始终面临的一个问题。同时,这也是自党的十八大以来社会主义市场经济规律的重要表现。想要继续深化和推进改革,政府就必须继续放权,将本属于市场的权力交还给市场。

在20世纪50年代到80年代,中国在特定的经济时期实行着一种"票证制度"。在那个时期,买布要使用布票,买粮要使用粮票,就是买平常使用的煤也需要使用煤票。在当时,有票的人要比有钱的人风光得多,因为如果没有相应的票,即使你再有钱也没有办法在市场上购买到东西。

为什么会出现这种现象呢?有人用经济学上的稀缺理论来解释这个问题,因为当时中国市场上物资稀缺,所以只能使用票证来限制购买。看上去这个解释很有道理,当时中国经济百废待兴,确实存在着物资稀缺的现象。但现在市场上的物资就不稀缺吗?

现在市场上的物资也是稀缺的,但稀有的物品却并不需要使用票证购买,只要你出的价格够高就能够买到这个物品,即使是市场中独一无二的物品也能够用价格来衡量。所以,用物资稀缺来解释当时的"票证制度"并不合理。事实上,中国当时出现的这种现象是计划经济的产物,也可以说是政府干预市场的结果。

随着改革开放,中国的经济迅速发展,这种"票证制度"也开始慢慢退出历史舞台。确切来说,并不是经济发展推动这种制度退出历史舞台,而是由于中国开始走市场经济的道路,市场在资源配置中的作用开始显现,从而促使这种行政干预经济的制度退出了历史舞台。

第十章

政策与未来

当一个国家经济落后时，它可以通过行政手段去效仿发达国家的经济发展模式，这正是行政干预经济的原因之所在。政府主导经济可以让本国经济的发展沿着发达国家的经济发展道路前进，政府调控可以把资源调配到合理的位置。

看上去行政干预经济发展的效果并不差，那为什么中国政府现在却不停地强调简政放权，将权力交还给市场呢？我们还用前面的说法来解释，行政干预经济确实可以在一定时期内促进经济的平稳有序发展，同时也能少走些弯路。但当本国经济接近发达国家经济发展程度的时候，再去依靠行政手段干预经济就很容易出现政策失误的风险，因为前面可以仿效的东西已经没有多少了，大家都需要摸着石头过河。

到了上面的这一阶段，行政干预经济的效果已经微乎其微，甚至开始出现负面效果了。所以这时将权力交给市场，让市场自身去开拓创新是一种最好的选择。当前中国经济正处于这样一个阶段，无论是在经济发展水平还是在经济活跃程度上，中国已经与发达国家相差无几，行政干预已经没有了可供仿效的对象，再让行政继续指挥下去，就很容易出现违背市场规律、领导乱拍脑门的现象，这对经济发展的危害是十分严重的。

著名经济学家吴敬琏曾举过一个例子，他说"譬如调结构，由谁来调结构？政府怎么知道什么叫好的结构？还是要靠千军万马自己去闯，去闯出一条路来。"很多时候，行政能力都是单一指向的，行政路线往往只有一条，对就是对了，错就是错了，根本就没有试错的机会。但市场调控却不同，市场是包罗万千的，市场决定的路线有很多种，这一条错了，还能走下一条，这就为经济发展增添了更多的可能性。

在2014年5月26日，中共中央政治局就使市场在资源配置中起决定性作用和更好发挥政府作用进行第十五次集体学习。在学习中，习近平强调，使市场在资源配置中起决定性作用、更好发挥政府作用,既是一个重大理论命题,又是一个重大实践命题。科学认识这一命题,准确把握其内涵,对全面深化改革、推动社会主义市场经济健康有序发展具有重大意义。

市场作用是一只"看不见的手",而政府作用则是一只"看得见的手",在经济发展过程中,这两只手要相互配合、相互补充,共同推动经济的持续健康发展。

在过去特殊的经济时期中,为了更快赶上发达国家的步伐,中国的经济发展长期依靠政府作用进行宏观调控。不可否认,这种行政调控确实取得了很好的效果,但从现在中国经济发展的实际来看,一味发挥政府的宏观调控作用是不合时宜的。

市场在资源配置中起着关键的作用,这是由经济发展的客观规律所决定的。明确市场在资源配置中的作用是确保经济平稳发展的关键。中共十八届三中全会将市场在资源配置中起基础性作用修改为起决定性作用,"基础"和"决定"仅仅两字之差,却是对市场作用的一个全新定位。

当然,充分发挥市场在资源配置中的作用并不意味着要放弃政府在资源配置中起到的作用。二者应该是相互统一的,不能对立起来。既不能用市场作用来去否定政府的作用,同时也不能用政府的作用去否定市场在资源配置中起到的作用。

对于放权给市场,充分发挥市场在资源配置中的决定性作用,习近平曾说过:"我们要坚持社会主义市场经济改革方向,从广度和深度上推进市场化改革,减少政府对资源的直接配置,减少政府对微观经济活动的直接干预,加快建设统一开放、竞争有序的市场体系,建立公平开放透明的市场规则,把市场机制能有效调节的经济活动交给市场,把政府不该管的事交给市场,让市场在所有能够发挥作用的领域都充分发挥作用,推动资

第十章
政策与未来

源配置实现效益最大化和效率最优化,让企业和个人有更多活力和更大空间去发展经济、创造财富。"

使市场在资源配置中起决定性作用和更好发挥政府作用是中国特色社会主义政治经济学理论的精髓,是由中国的具体国情来决定的。同时,全面建设现代化经济体系的总体发展任务也要求中国正确认识并处理好政府和市场的关系,并对当前的经济政策进行相应的调整。

党的十九大报告指出,构建市场机制有效、微观主体有活力、宏观调控有度的经济体制是建设现代化经济的基本体制保障。无论是继续深化供给侧改革,还是建设创新型国家,都需要正确处理好政府和市场之间的关系。放权给市场,让市场主体进行良性竞争,从而使市场迸发出无限生机与活力,这才是保障中国经济发展的关键之所在。